Christian Wicke

Entwicklung und Einführung eines Online Betriebsdaten-E

Christian Wicke

Entwicklung und Einführung eines Online Betriebsdaten-Erfassung-Systems

GRIN Verlag

Bibliografische Information der Deutschen Nationalbibliothek: Die Deutsche Bibliothek
verzeichnet diese Publikation in der Deutschen Nationalbibliografie; detaillierte bibliografische Daten sind im Internet über http://dnb.d-nb.de/ abrufbar.

1. Auflage 2007
Copyright © 2007 GRIN Verlag
http://www.grin.com/
Druck und Bindung: Books on Demand GmbH, Norderstedt Germany
ISBN 978-3-640-74915-7

Entwicklung und Einführung eines Online Betriebsdaten – Erfassung - Systems

Diplomarbeit
für die
Prüfung zum Diplom-Wirtschaftsinformatiker (BA)
im Ausbildungsbereich Wirtschaft

Fachrichtung: Wirtschaftsinformatik   Kurs: WWI04V3

Berufsakademie Karlsruhe

Name: Wicke
Vorname: Christian
Abgabedatum: 07.05.2007

Inhaltsverzeichnis:

1. Einleitung

Seit 1988 arbeitet die Firma Alphadat EDV Service GmbH als Informations- und Telekommunikations- (IT) Dienstleister in Baden und hat beste Referenzen. Der Firmensitz befindet sich in Appenweier, in Mitten der Ortenau. Die Firma versorgt Kunden zwischen Freiburg und Baden-Baden mit qualitativ hochwertiger Hardware und beständigem Service. Als einer der wenigen EDV-Betriebe ist die Alphadat in der Handwerksrolle Freiburg eingetragen und Ausbildungsbetrieb für IT-Berufe. Im eigenen Gebäude hat der Betrieb eine Werkstatt und einen IT-Shop für die wichtigsten Verbrauchsmaterialien. Alphadat stellt sich als Servicefirma und nicht als Ladengeschäft dar, trotzdem versorgt sie einen wachsenden Kundenstamm mit qualitativ hochwertigen PCs und Peripherie zu günstigen Preisen.

Im eigenen Schulungsraum werden Individualschulungen und kleine Seminare angeboten. Kombiniert werden sie mit Vor-Ort Schulungen und einer telefonischen Hotline für die Teilnehmer. Als eines der wenigen IT-Anbieter wird sowohl Netzwerktechnik als auch Telekommunikationstechnik abgedeckt. Nicht zuletzt deshalb weil diese Technologien immer mehr zusammenwachsen. Die Dienstleistungen rund ums Internet komplettieren das Angebot, so dass sie bei der Alphadat einen kompetenten IT-Dienstleister und Berater finden.

Die Telefonie ist von der Datentechnik nicht zu trennen. Anrufe, Faxe, Sprachnachrichten und E-Mails, praktisch die gesamte Kommunikation, läuft in Zukunft über den Server. Moderne Telefonanlagen sind Serverbasierend und integrieren die Dienste. Haupttätigkeitsfeld der Firma ist die Integration der verschiedenen Internetdienste E-Mail und Messaging Systeme, Günstiges Webhosting, Intranet und Vernetzung von Außenstellen über das Internet.[1]

---

[1] [ALPHA]

2. Problemstellung

Inhalt der Diplomarbeit ist es ein Online Portal zu erstellen, dass einen Zugriff auf den lokalen SQL-Server der Firma Alphadat über das Internet gestattet. Das Portal soll als Betriebsdatenerfassung System fungieren, in dem es ermöglicht wird die täglich anfallenden Serviceberichte online zu erfassen und abzuspeichern. Das Programm soll in Zusammenwirkung mit dem firmeneigenen Enterprise Resource Planning System die Möglichkeit bieten Material und anfallende Stundenzeiten dem jeweiligen Auftrag zuzubuchen. Im Zusammenhang mit der Erstellung der Anwendung muss die Frage der Anbindung des Servers an das Internet sowie über das Sichern der Daten beantwortet werden.

Für die Entwicklung der Anwendung steht ein Microsoft Server 2003 sowie das Visual Studio 2005 Professionell zur Verfügung.

3. Enterprise Resource Planning Systeme

IT Systeme zur Planung, Steuerung, Durchführung und Überwachung von Informations- und Geschäftsprozessen sind heute für einen effizienten Produktionsverlauf unverzichtbar.

Enterprise Resource Planning Systeme (ERP - Systeme) sind eine Weiterentwicklung der in den 80er Jahren entstandenen Manufacturing Resources Planning Systeme (MRP II), die in die Planung die komplette Geschäfts- und Absatzplanung mit einbezieht um Ressourcen innerhalb einen Produktionsunternehmens zu organisieren. Innerhalb dieser Systeme wird die gesamte finanz- und warenwirtschaftlich orientierte Wertschöpfungskette eines Unternehmens erfasst. Alle Teilprozesse von der operationalen und strategischen Planung über Herstellung, Distribution bis zur Steuerung von Auftragsabwicklung und Bestandsmanagement werden innerhalb dieser Programme verarbeitet.

Der Markt der Software Systeme läst sich in drei Segmente unterteilen: Lösungen für Großbetriebe, Mittelstandslösungen und Branchenlösungen. Es gibt viele Anbieter die versuchen, ausgehend von ihrem Spezialgebiet, auch eines der anderen Segmente zu bearbeiten. Bis jetzt gelang es aber noch keinem Anbieter ein Produkt zu entwickeln, welches alle Segmente abdecken kann. Am Erfolgreichsten ist die SAP AG, mit ihrer Software lassen sich der Mittelstand sowie vereinzelte Branchenlösungen in dem Programm abbilden. Es gibt auf dem heutigen Markt eine Vielzahl von Anbietern der Standardsoftware, diese sind aber auf spezielle Unternehmensarten ausgerichtet (z.B. Forschungszentren).

Eine wesentliche Funktionalität einer ERP – Software ist die Haltung und Verwaltung von Stammdaten. Diese können unter anderem sein:

- Artikelstammdaten – Artikelmerkmale, Warengruppen, Preise, und Lieferantenzuweisung, um die Artikel eindeutig zu identifizieren
- Mitarbeiterstammdaten – persönliche Daten zur Verwaltung des Personals (z.B. Arbeitszeiten, Lohngruppen)
- Kunden- und Lieferantenstammdaten – Verwaltung der Liefer- und Rechnungsadressen, Preislisten, Skonti und Gruppeneinteilungen
- Firmenstammdaten – zur internen Kostenstellen, Benutzer, Arbeitsgruppen und Richtlinien
- Rohmaterial – Rohmaterialien, deren Preise, Lieferanten und Lieferzeiten
- Lagerbestand – zur Lagerbestandshaltung, um auf Bestellungen zu reagieren und eventuell Warenfertigung anzustoßen oder fehlendes Rohmaterial nachzubestellen

- Arbeitsgänge – Rohmaterialien → Endprodukte gefertigt, Art der Arbeit, die Dauer und Maschinen
- Einkaufsvorgang – Bestellung, Wareneingang und Rechnungseingang
- Fertigungsvorgang – Betriebsdatenerfassung, Arbeitsvorbereitung, Fertigung und Lagerbuchungen
- Verkaufsvorgang - Kundenrechnungen, Kundenlieferscheine und Angebots- und Auftragsverwaltung

Die Erfassung der Beschriebenen Datensätze erfolgt in professionellen Datenbanken. Der große Vorteil an dem ERP – System ist die Konsistenz der Daten in Bezug auf Relationen, welche sich nur aus den Produktionsprozessen ergeben und sich nicht anhand einer einfachen Datenbank abbilden lassen. Der Hauptunterschied zu herkömmlichen Datenbanken ist die Vereinfachung und die Automatisierung der Verwaltung.

Beispiele für die Automatisierung sind:
- Lagerabbuchung bei Verbrauch von Materialien
  Fertigung von Produkten oder Baugruppen, verbrauchte Rohstoffe sowie belegte oder abgenutzte Maschinen werden selbständig erfasst und verarbeitet.
- Lagereinbuchung nach Lieferung
  Automatische Gutschreibung im Lager nach Liefereingang.
- Lagereinbuchung nach Fertigung
  End- und Zwischenprodukte automatisch dem Lager zugeschrieben
- Automatische Generierung von Bestellvorgängen
  Mindestbestand im Lager unterschritten → Bestellung.

Hauptgrund für das Einführen eines ERP – Systems in Unternehmen ist die Optimierung der internen Wertschöpfungskette. Es ist möglich mit Hilfe des ERP die Flexibilität des Unternehmens zu steigern und so schneller auf Kundenwünsche ein zu gehen. Das System ist in der Lage die knappen Resourcen eines Unternehmens effektiv zu verteilen. Weiterer Vorteil der Software ist, dass Daten, welche in älteren Systemen oft in unterschiedlichen Datenbanken abgelegt waren nun in einem System integriert sind. Es führt dazu, dass bestehende Geschäftsprozesse besser miteinander vernetzt werden. Beim Verkauf eines Artikels leitet das System diese Information automatisch an andere Teilbereiche, wie Produktion oder Lager weiter, um daraus neue Vorgänge, wie Bestellungen automatisch zu generieren.

Ein weiterer Vorteil eines ERP - Systems ist die Standardisierung von Unternehmensprozessen und Daten. Durch die organisatorische Standardisierung in unterschiedlichen Niederlassungen wird somit eine bessere Abstimmung der Prozesse erreicht und dadurch auch die Produktivität gesteigert. Durch die Software wird eine viel bessere Informationsbereitstellung sowie Informationsauswertung erreicht. Dies steigert die Kontrollmöglichkeiten und nicht erfüllte Arbeit kann schnell erkannt und behoben werden. Auch wird durch den besseren Datenzugriff die Entscheidungsbildung unterstützt und Mitarbeiter sind nicht mehr auf die rechtzeitige Weitergabe der Daten angewiesen, da sie direkt auf die Datenbasis zugreifen können.

Unterstützend wirkt sich die Software auf verschiedene Methoden des Managements und der Planung aus. Das System hilft bei der Ressourcen Planung indem es Unternehmen ermöglicht Ressourcen schnell und effizient zu bewerten und zu verteilen, indem es aktuelle, vollständige und Daten zur Verfügung stellt. Ebenso wirkt sich ein ERP- System vorteilhaft bei dem Supply Chain Management (beschäftigt sich mit der Optimierung der industriellen Wertschöpfungskette) aus, Nachfrage und Kapazität müssen richtig analysiert und entsprechend   geplant werden. Mit Integration unterschiedlicher Teilbereiche des Unternehmens kann die Planung optimiert und dadurch eine bessere Lagerhaltung und höhere Umschlagshäufigkeiten erreicht werden. Das Schaffen eines Data Warehouses (zentrales Datenlager welches sich aus unterschiedlichen Quellen zusammensetzt) und die damit verbundene zentrale Speicherung der Unternehmensdaten, sowie die Analyse dieser Daten, welche durch das in der Software implementierte Knowlege Management behandelt werden, ermöglichen das Bereitstellen von Entscheidungshilfen für das Management.

Positives Nebenprodukt der Implementierung eines ERP – Systems ist die Reorganisation der Geschäftsprozesse. Dies ist nötig um die Geschäftsprozesse in der Standardsoftware darzustellen. Effektive und effiziente Prozesse führen in der Regel zu einer Kostensenkung und weiteren Vorteilen, die je nach Art und Tätigkeit des Unternehmens stark variieren.[2]

---

[2] Vgl. [ERP], [FVL]

3.1 Replan 2000

Replan 2000 ist ein auf Basis der Datenbanksysteme Microsoft Access (Frontend) und Microsoft SQL (Backend) basierendes ERP Datenbank- und Methodenkonzept. Das Programm wird von der Firma Alphadat EDV Service GmbH entwickelt und vertrieben. Es ist für die Verwaltung, Planung von Ressourcen in Mittelständischen Industriebetrieben vorgesehen und bietet vorgefertigte Module für die Geschäftsprozesse: Rechnungswesen, Warenwirtschaft und Auftragsabwicklung. Bereits in der Grundversion sind einfache CRM Prozesse und Call Center Methoden zur Optimierung der Geschäftsprozesse und Verbesserung der Kundenkommunikation integriert.

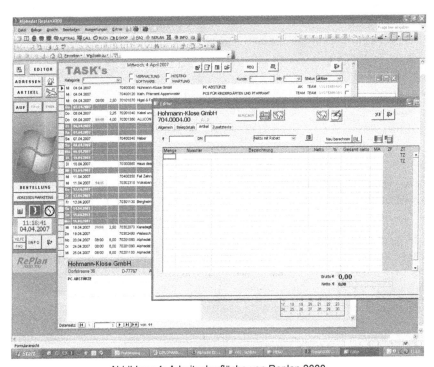

Abbildung 1: Arbeitsoberfläche von Replan 2000

Zu dem Basismodul können noch weitere Module hinzugefügt werden, so zum Beispiel das Modul Rechnungsclearing, es ermöglicht eine Vorkontierung sowie den Abgleich der Bankkonten mit Ihren Debitoren- und Kreditorenkonten. Außerdem erlaubt es einen schnellen Zugriff auf Kunden- und Lieferanten Zahlungen sowie umfangreiche Statistiken.

Ein weiteres, wichtiges Modul ist die Zeiterfassung. Viele Firmen haben erheblichen Zeitaufwand um Arbeitszeiten und Fehlzeiten von Mitarbeitern zu protokollieren, Urlaub zu planen und Projektzeiten oder Auftragszeiten zu erfassen. Meistens ist dafür großer manueller Aufwand notwendig. In diesem Modul von Replan sind die wesentlichen Funktionen Arbeitszeiterfassung / Personalzeiterfassung, Projektzeiterfassung / Auftragszeiterfassung, Urlaubsplanung / Urlaubsverwaltung, Fehlzeitenverwaltung und Zutrittskontrolle integriert.

Durch die offene technische Basis sind Erweiterungen auf dem gleichen Datenbankmodell leicht möglich. SQL Server wird als Datenbank und Visual Basic for Applications als Frontendentwicklungssprache angewendet. Diese Erweiterungen können vom Kunden selbst, mit Hilfe von Excel Arbeitsblättern, durch externe Softwareprogrammierer, oder durch die Firma Alphadat in Projektarbeit erstellt werden. So sind Module für Produktionsplanungssysteme (PPS), Qualitätssicherung (QS) oder Management-Informationssystem (MIS) denkbar und empfehlenswert.

Replan 2000 wird ausschließlich im Ressourceleasingverfahren angeboten. Durch die darin vereinbarten Lizenzkosten, werden alle erforderlichen Anpassungen sowie Erweiterungen bezahlt. Für den Kunden entsteht dadurch der Vorteil, dass er den genauen Preis seines ERP – System beziffern kann.

4. Grundlagen

4.1 Datenschutz und Datensicherheit

Ziel der Datensicherheit und des Datenschutzes ist es das Speichern, Verarbeiten und Kommunizieren von Informationen verfügbar, vertraulich und geschützt zu gestalten. Um ausreichend Sicherheit und Schutz der Daten zu gewährleisten ist es notwendig verschiedene Teilaspekte zu betrachten. Risikominderung, Schutz der Systeme vor Gefahren und Schadensvermeidung sind die Ziele der Informationssicherheit. Neben den in den IT-Systemen gespeicherten Daten umfasst die Datensicherheit ebenso die Sicherheit von nicht elektronischen Informationen.

Datenschutz

Vertraulichkeit: Nur autorisierte Benutzern dürfen auf diese Dateien zugreifen.

Übertragungssicherheit: Das Ausspähen der übertragenen Informationen zwischen Rechnern, Geräten und Benutzern soll verhindert werden.

Privatsphäre: Zum Schutz von persönlichen Daten/Informationen ist die Einhaltung des Bundesdatenschutzgesetzes notwendig.

Funktionalität: erwartungsgemäße Funktion von Hardware und Software

Integrität: Daten dürfen nicht unbemerkt verändert werden

Authentizität: Überprüfbarkeit der Glaubwürdigkeit einer Person oder eines Dienstes

Verbindlichkeit: Urheber von Veränderungen müssen erkennbar sein und dürfen Veränderung nicht abstreiten können.

Nicht-Anfechtbarkeit: Nachweis des Versandes und Erhaltes einer Nachricht

Zugriffssteuerung: Regelung der Zugriffe von außen

Verfügbarkeit: Gewährleistung der Zugriffsmöglichkeit auf bestimmte Daten innerhalb eines zuvor vereinbarten Zeitraumes.

Teilaspekte

Um eine umfassende Informationssicherheit aufbauen zu können, müssen einige der folgenden Aspekte zutreffend sein:

IT-Sicherheit

IT-Sicherheit bezeichnet die Sicherheit von technischen Systemen der Informations- und Kommunikationstechnologie. Grundsätzlich wird unter IT-Sicherheit der Zustand eines IT-Systems (oder einer Organisation) verstanden, in dem die Risiken, die bei jedem IT-Einsatz bestehen, durch angemessene Maßnahmen auf ein tragbares Maß reduziert wurden. Verwandte Begriffe sind:

Computersicherheit: die Sicherheit eines Computersystems vor Ausfall und Manipulation (Datensicherheit) sowie vor unerlaubtem Zugriff (Datenschutz)

Netzwerksicherheit (Eher ein Teilaspekt der Computersicherheit)

Datensicherheit

Datensicherheit ist ein aus dem Datenschutz stammender Begriff mit dem Ziel, Daten jeglicher Art in ausreichendem Maße vor Verlust, Manipulationen, unberechtigter Kenntnisnahme durch Dritte und anderen Bedrohungen zu schützen. Darin sind die dem Datenschutz nicht unterliegenden Daten ebenfalls eingeschlossen. Hinreichende Datensicherheit ist eine Voraussetzung für effektiven Datenschutz. Nur wenn geeignete

Schutzmaßnahmen getroffen werden, kann man davon ausgehen, dass vertrauliche bzw. personenbezogene Daten nicht in die Hände von Unbefugten gelangen. Hierbei spricht man in der Regel von technischen und organisatorischen Maßnahmen zum Datenschutz, welche in der Anlage zum § 9 BDSG und in den Landesdatenschutzgesetzen beschrieben sind. Datensicherung ist ein Synonym für Backup. Er war allerdings der ursprüngliche Datenschutzrechtliche Begriff für Datensicherheit.

Bedeutung der Informationssicherheit

In den Kindertagen des Computers verstand man unter Computersicherheit die Sicherstellung der korrekten Funktionalität von Hardware (Ausfall von z.b. Bandlaufwerken oder anderen mechanischen Bauteilen) und Software (richtige Installation und Wartung von Programmen). Mit der Zeit änderten sich die Anforderungen an die Computer (Internet, Speichermedien); die Aufgaben zur Computersicherheit mussten anders gestaltet werden. Somit bleibt der Begriff der Computersicherheit wandelbar und spiegelt die momentane technologische Welt. Private und öffentliche Unternehmen sind heute in allen Bereichen ihrer Geschäftätigkeit, Privatpersonen in den meisten Belangen des täglichen Lebens, auf IT-Systeme angewiesen. Da neben der Abhängigkeit genauso die Risiken für IT-Systeme in Unternehmungen i. d. R. größer sind als für Computer und Netzwerke in privaten Haushalten, wird Informationssicherheit überwiegend in Unternehmen betrieben. Entsprechende Verpflichtungen lassen sich im gesamten deutschsprachigen Raum aus den verschiedenen Gesetzen zum Gesellschaftsrecht, Haftungsrecht, Datenschutz, Bankenrecht usw. herleiten. Dort stellt Informationssicherheit einen Baustein des Risikomanagements dar. International spielen Vorschriften wie Basel II und der Sarbanes-Oxley Act eine wichtige Rolle.

Bedrohungen

Zu den Bedrohungen für die IT-Sicherheit gehören unter anderem: Computerviren, Trojaner und Würmer, die zusammengefasst als Malware bezeichnet werden. Beim Spoofing, Phishing, Pharming oder Vishing findet die Vortäuschung einer falschen Identität statt. Ansonsten werden Hacking, Cracking sowie andere Formen von Sabotage Spionage und höhere Gewalt, z.B. in Form von Blitzschlag, Feuer oder Überschwemmung als Bedrohungen beschreiben.

Viren, Würmer, Trojanische Pferde

Während im Firmenumfeld die ganze Themenbreite der Computersicherheit Beachtung findet, verbinden viele Privatanwender mit dem Begriff primär den Schutz vor Viren oder Spyware. Die ersten Computerviren waren noch recht harmlos und dienten lediglich dem Aufzeigen diverser Schwachstellen von Computersystemen. Doch recht bald erkannte man, dass Viren zu weitaus mehr in der Lage sind. Es begann eine rasante Weiterentwicklung der Schädlinge und der Ausbau ihrer Fähigkeiten – vom simplen Löschen von Dateien über das Ausspionieren von Daten (z. B. von Passwörtern) bis hin zum Öffnen des Rechners für entfernte Benutzer (Backdoor). Mittlerweile existieren diverse Baukästen im Internet, die neben einer Anleitung auch alle notwendigen Bestandteile für das einfache Programmieren von Viren liefern. Nicht zuletzt schleusen kriminelle Organisationen Viren auf PCs ein, um diese für ihre Zwecke (DoS-Attacken, etc.) zu nutzen.

Angriffe und Schutz

Unter einem Angriff auf den Datenschutz und/oder Datensicherheit (repräsentiert durch z.B. ein Computersystem) versteht man jede Aktion/Vorgang, dessen Folge oder Ziel ein Verlust des Datenschutzes und/oder der Datensicherheit ist. Auch technisches Versagen wird in diesem Sinne zunächst als Angriff gewertet. Statistische Sicherheit: Ein System wird dann als sicher bezeichnet, wenn der Aufwand für das Eindringen in das System höher ist als der daraus resultierende Nutzen für den Angreifer. Deshalb ist es wichtig, die Hürden für einen erfolgreichen Einbruch möglichst hoch zu setzen und damit das Risiko zu reduzieren. Absolute Sicherheit: Ein System ist dann absolut sicher, wenn es jedem denkbaren Angriff widerstehen kann. Der Mangel an Computersicherheit ist eine vielschichtige Bedrohung, die nur durch eine anspruchsvolle Abwehr beantwortet werden kann. Der Kauf einer Software ist kein Ersatz für eine umsichtige Untersuchung der Risiken, möglicher Verluste, der Abwehr und von Sicherheitsbestimmungen. Ist einmal die Sicherheit eines Systems verletzt worden, muss es als kompromittiert betrachtet werden, was Maßnahmen zur Verhinderung weiterer Schäden und zur Datenrettung erfordert.

Maßnahmen

Die Maßnahmen müssen im Rahmen der Erstellung eines Sicherheitskonzeptes an den Wert der zu schützenden Daten angepasst werden. Zu viele Maßnahmen führen zu Kosten- und Akzeptanzproblemen, bei unzureichenden Maßnahmen bleiben "lohnende" Sicherheitslücken offen.

Management

Informationssicherheit ist grundsätzlich eine Aufgabe der Leitung einer Organisation oder eines Unternehmens und sollte nach einem Top-Down Ansatz organisiert sein. Insbesondere die Verabschiedung von Informationsschutz- und Sicherheitsrichtlinien (Security Policy) ist Aufgabe des obersten Managements. Weitere Aufgabe des Managements ist die Installation eines Sicherheitsmanagementsystems. Es ist für die operative Umsetzung und Kontrolle der Security Policy zuständig. Durch diese Maßnahmen sollen geeignete Organisations- und Managementstrukturen geschaffen werden.

Operative Maßnahmen

Maßnahmen sind unter anderem physische bzw. räumliche Sicherung von Daten, Zugriffskontrollen, das Aufstellen fehlertoleranter Systeme, Maßnahmen der Datensicherung und die Verschlüsselung. Wichtige Voraussetzung ist die Sicherheit der verarbeitenden Systeme. Ein effektives Sicherheitskonzept berücksichtigt allerdings neben technischen Maßnahmen ebenfalls organisatorische und personelle Maßnahmen. Zu den Sicherheitsmaßnahmen, die von jedem Verantwortlichen für die Informationssicherheit in Unternehmen, aber vor allem von jedem privaten Nutzer von Computern und Netzwerken in Privathaushalten im Hinblick auf die IT-Sicherheit getroffen werden können, gehören unter anderem die folgenden Punkte:

Software aktualisieren

Für viele Programme werden Aktualisierungen angeboten. Sie bieten nicht immer nur eine erweiterte oder verbesserte Funktionalität, sondern beheben häufig außerdem schwere Sicherheitslücken. Besonders betroffen sind alle Programme, die Daten mit dem Internet austauschen, wie zum Beispiel Betriebssysteme, Browser, Schutzprogramme oder E-Mail-Programme. Die Aktualisierungen sollten so schnell wie möglich auf den entsprechenden Rechnersystemen installiert werden. Viele Programme bieten eine automatische Funktion an, die die Aktualisierung im Hintergrund ohne das Eingreifen des Benutzers bewerkstelligt, indem die neue Software direkt aus dem Internet geladen wird. Bei langsamen Datenverbindungen oder sehr großen Datenmengen ist es ratsam, die Aktualisierungen von Massenspeichern, wie zum Beispiel CDs oder DVDs, zu laden.

Antiviren-Software verwenden

Wenn Daten aus dem Internet bzw. von E-Mail-Servern heruntergeladen oder von Datenträgern kopiert werden, besteht immer die Möglichkeit, dass sich darunter schädliche Dateien befinden. Um dies zu vermeiden, muss eine sogenannte Antiviren-Software installiert werden. Bei dieser Software ist darauf zu achten, dass sie regelmäßig (unter

Umständen sogar mehrmals täglich) aktualisiert wird. Schadprogramme sind in der Regel auf spezielle Betriebssysteme oder Browser ausgerichtet.

Diversifikation

Eine weitere Maßnahme zur Reduktion der Gefahren besteht in der Diversifizierung von Software, dementsprechend darin, Software von verschiedenen, auch nicht marktführenden Anbietern, zu verwenden. Die Angriffe von Hackern zielen oftmals auf Produkte von großen Anbietern, weil sie damit den größten Effekt erzielen und gegebenenfalls den größten, wenn auch zweifelhaften, Ruhm erlangen. Insofern kann es ratsam sein, auf Produkte von kleineren und weniger bekannten Unternehmen oder zum Beispiel auf Open-Source-Software zurückzugreifen.

Firewalls verwenden

Für Angriffe, die ohne das aktive Zutun des Nutzers drohen, ist es unerlässlich eine Netzwerk-Firewall oder Personal Firewall zu installieren. Viele unerwünschte Zugriffe auf den Computer und unbeabsichtigte Zugriffe vom eigenen Computer, die vom Benutzer meist gar nicht bemerkt werden, können auf diese Weise verhindert werden. Die Konfiguration einer Firewall ist nicht trivial und erfordert eine gewisse Kenntnis der Vorgänge und Gefahren.

Eingeschränkte Benutzerrechte verwenden

Der System-Administrator darf tiefgehende Änderungen an einem Computer durchführen. Es erfordert entsprechende Kenntnis der Gefahren, und ist für normale Benutzer nicht ratsam, mit den Rechten eines Administrators im Internet zu surfen, Dateien oder E-Mails herunterzuladen. Moderne Betriebsysteme verfügen daher über die Möglichkeit, die Benutzerrechte einzuschränken, so dass zum Beispiel Systemdateien nicht verändert werden können. Von diesen Möglichkeiten ist unbedingt Gebrauch zu machen.

Aktive Inhalte deaktivieren

Bei aktiven Inhalten handelt es sich um Funktionalitäten, die die Bedienung eines Computers vereinfachen sollen. Das automatische Öffnen beziehungsweise Ausführen von heruntergeladenen Dateien birgt jedoch die Gefahr, dass diese schädlichen Code ausführen und den Rechner infizieren. Um dies zu vermeiden, sollten aktive Inhalte, wie zum Beispiel ActiveX, Java oder JavaScript, soweit wie möglich deaktiviert werden.

Sensible Daten verschlüsseln

Daten, die nicht in Hände Dritter geraten sollen, sollten durch geeignete Maßnahmen, wie zum Beispiel Pretty Good Privacy (PGP), verschlüsselt werden. Dies betrifft nicht nur Daten die zwischen zwei bestimmten Rechnern ausgetauscht werden, sondern ebenfalls entsprechende Daten, die sich auf Massenspeichern befinden, und beim Übertragen sensibler Daten, wie zum Beispiel Kreditkartennummern, während des Surfens im Internet. Ein Zugriff auf die Inhalte darf nur dann möglich sein, wenn die Beteiligten über den richtigen Schlüssel verfügen. Besonders gefährdet sind unverschlüsselte, kabellose Netze, wie zum Beispiel nicht konfigurierte WLANs, da hierbei Unbefugte unbemerkt Zugriff auf die Daten und sogar die Kontrolle über den ungeschützten Computer erlangen können. Passwörter, persönliche Identifikationsnummern (PIN) und Transaktionsnummern (TAN) sollten nicht unverschlüsselt gespeichert oder übertragen werden.

Sicherungskopien erstellen

Von jeder Datei, die wichtig ist, muss mindestens eine Sicherungskopie auf einem separaten Speichermedium angefertigt werden. Hierzu gibt es zum Beispiel Backup-Software, die diese Aufgaben regelmäßig und automatisch erledigt. Es können ebenso RAID-Systeme verwendet werden, die besonders bei großen Datenmengen und sich häufig ändernden Daten eine gute Alternative darstellen.

Protokollierung

Automatisch erstellte Protokolle oder Logdateien können dabei helfen, zu einem späteren Zeitpunkt zu ermitteln, wie es zu Schäden an einem Rechnersystem gekommen ist.

Sichere Entwicklungs- und Laufzeitumgebungen verwenden

Entwickler von Software, die zum sicheren Datenaustausch zwischen Rechnern verwendet wird, stehen unter Zwang moderne Entwicklungssysteme und Programmiersprachen einsetzen, da ältere Systeme häufig Sicherheitslücken haben und nicht über die entsprechende Sicherheitsfunktionalität verfügen. Sichere Software ist nur in entsprechenden, modernen und sicheren Laufzeitumgebungen lauffähig und sollte mit Entwicklungswerkzeugen (wie zum Beispiel Compilern) erstellt werden, die ein möglichst hohes Maß an inhärenter Sicherheit (zum Beispiel Typsicherheit und Vermeidung von Pufferüberläufen) bieten.

Sensibilisierung der Mitarbeiter

Ein wichtiger Aspekt in der Umsetzung von Sicherheitsrichtlinien ist die Ansprache der eigenen Mitarbeiter, die Bildung von so genannter IT-Security Awareness. Hier fordern die ersten Arbeitsrichter den Nachweis der erfolgten Mitarbeitersensibilisierung für den Fall eines etwaigen Verstoßes gegen die Firmenrichtlinien. Mitarbeitersensibilisierung variiert typischerweise von Unternehmen zu Unternehmen. Ausgehend von Präsenzveranstaltungen über web basierte Seminare bis hin zu Sensibilisierungskampagnen.

Überprüfung

Um ein gewisses Standardmaß an Informationssicherheit zu gewährleisten, ist die regelmäßige Überprüfung von Maßnahmen zur Risikominimierung und -dezimierung Pflicht. Dazu rücken hier organisatorische und technische Aspekte in den Vordergrund. Technische Sicherheit kann zum Beispiel durch Maßnahmen wie regelmäßige Penetrations-Tests erreicht werden, um evtl. bestehende Sicherheitsrisiken im Bereich von IT-Systemen, Applikationen und/oder IT-Infrastruktur zu erkennen und zu beseitigen. Organisatorische Sicherheit kann durch Audits der entsprechenden Fachabteilungen einer Organisation erreicht und überprüft werden. Beispielsweise können vordefinierte Testschritte bzw. Kontrollpunkte eines Prozesses während eines Audits getestet werden. Aus Feststellungen der weit reichenden Überprüfungsmethoden lassen sich Maßnahmen zur weiteren Risikominimierung bzw. -dezimierung ableiten. Eine Methodik wie in diesem Absatz beschrieben, ist unmittelbar konform zu Normen wie ISO 27001, BS7799 oder gesetzlichen Vorschriften. Hier wird meist eine Nachvollziehbarkeit über Vorgänge der Informationssicherheit unmittelbar eingefordert, in dem Unternehmen ein Risikomanagement abverlangt wird. [3]

4.2. Internet Information Service

Der Internet Information Service (IIS) ist ein im Windows Server und zusätzlich in Windows 2000 und XP ein Webserver sowie ein MailServer. Ab dem MS Server 2003 wird der IIS auch als Web Application Server bezeichnet.

IIS und ASP.NET
Der IIS ist in ASP.NET 2.0 der meistgenutzte Webserver für den Betrieb von ASP.NET-Webanwendungen. Die Klassische Variante für die Entwicklung von Webanwendungen im Windows Bereich ist das Zusammenspiel von dem IIS und MS SQL Server. Oft wird in diesem Zusammenhang von der so genannten WIMA (Windows, Internet Information Server, Microsoft SQL Server/MSDE, ASP.NET) als Alternative zu den auf Linux basierenden Entwicklungswerkzeugen LAMP (Linux, Apache, MySQL, PHP) gesprochen.

---

[3] [NETZW]

ASP.NET integriert sich in Form eines ISAPI-Filters (aspnet_filter.dll) und einer ISAPI-Erweiterung (aspnet_isapi.dll) in den IIS. Die Dateierweiterungen .aspx, .ascx, .ashx, .asmx, .asax, .axd, .config, .cs, .vb u.a. werden mit der ISAPI-Erweiterung verbunden.

IIS 7.0

Der Webserver Internet Information Server und die Webplattform ASP.NET gingen trotz vieler Gemeinsamkeiten bei der Konfiguration bisher eigene Wege. Nun vermählt Microsoft mit IIS 7.0 die beiden und stellt sie auf eine gemeinsame Basis. Gleichzeitig baut Microsoft den einst als reiner Webserver zur Welt gekommenen IIS zum Anwendungsserver aus. Microsoft nennt seinen Webserver, Internet Information Server (IIS) 7.0, einen komponentenbasierten Server, weil er aus einzelnen unabhängigen Softwarekomponenten zusammengebaut ist. Das bietet den Vorteil, dass nur die wirklich benötigten Funktionen installiert werden müssen. Anders als der monolithische Vorgänger IIS 6.0, besteht IIS 7.0 aus einem kleinen Webserverkern (Web Core Server) und mehr als 40 IIS-Modulen für Netzwerkprotokolle, Konfiguration, Protokollierung, Authentifizierungsverfahren und Diagnose.

Bereits beim Setup des Servers können die neuen Komponenten erkannt werden: Bei der Installation des IIS auf einem Longhorn-Server mit Hilfe des Add Roles Wizard fordert Windows als Grundlage die Installation des Windows Activation Service (WAS). WAS aber ist in der neuen Windows-Generation der Systembaustein, der für den IIS die Anwendungspools und Prozesse verwaltet.

Im folgenden Installationsfenster kann der Administrator sehr viel genauer als in der Vergangenheit die einzurichtenden Funktionen auswählen. Neben Frameworks wie ASP, ASP.NET, CGI und ISAPI lassen sich in den Bereichen „HTTP-Features", „Health and Diagnostics", „Security" und „Management Tools" die gewünschten Module selektieren. Verschiedene Authentifizierungsverfahren wie zum Beispiel Basic, Windows, Digest oder Zertifikate sind im Bereich Sicherheit wählbar. Bei den Management-Diensten steht unter anderem zur Wahl, ob sich IIS 7.0 auch mit den Verfahren eines IIS, also mit Konsole, Skript oder per WMI verwalten lassen soll und ob eine Fernverwaltung des IIS über einen Management-Service erlaubt sein soll.

Die komponentenorientierte Architektur erlaubt auf jeder Ebene (Webserver, Website, Anwendung oder Verzeichnis) Modulsätze zu erstellen. So ist es beispielsweise möglich, einen Webserver zu betreiben, der ausschließlich Windows-NTLM-Authentifizierung, statische Webseiten, Kompression und Protokollierung beherrscht.

Im Hinblick auf Sicherheit reduziert dies die Angriffsfläche und erhöht die Sicherheit des Webservers gegenüber dem IIS 6.0, der nur für die Anwendungsentwicklungsframeworks eine Möglichkeit zum Deaktivieren von Merkmalen bot. Neben höherer Sicherheit ist von einem auf die notwendigen Module reduzierten Webserver auch eine bessere Leistung zu erwarten.

Installieren lässt sich IIS 7.0 auf Windows Longhorn Servern sowie den Home-Premium-, Business- und Ultimate-Varianten von Windows Vista. Auf keiner Plattform gehört IIS zur Standardinstallation, er ist immer eine Option, die nach dem Einrichten des Betriebssystems zu aktivieren ist. Bei Windows Vista in der Systemsteuerung, beim Longhorn-Server mithilfe des Rollenassistent. Der IIS 7.0 ist nicht zu 100%-Kompatibel zu Vorgängerversionen.

Der IIS war bisher ein Web-, Datei-, Mail- und Newsserver. Ab Version 7.0 wird der IIS auch TCP, MSMQ und Named Pipes verstehen und damit zum allgemeinen Host für die Windows Communication Foundation werden. Neben dem bereits aus der Vorgängerversion bekannten Kernel-Mode Listener HTTP.sys installiert der IIS 7.0 die Listener NET.TCP, NET.PIPE and NET.MSMQ. Beim Eintreffen einer Anfrage in einem der Listener prüft der Windows Activation Server (WAS), ob es bereits einen Arbeitsprozess gibt, der die Anfrage bearbeiten kann. Sofern noch keiner vorliegt, erzeugt WAS einen passenden Prozess. Der Aktivierungsdienst kann auf Wunsch verschiedene Protokolle in einem Arbeitsprozess bedienen. Die Anwendungspools dieses Dienstes besitzen ähnliche Eigenschaften wie die IIS 6.0-Anwendungspools, zum Beispiel Prozessidentität oder Recycling-Funktionen.

Im IIS 7.0 legt Microsoft Wert auf eine einfachere Konfiguration. Bisher ergaben sich die Einstellungen für eine Webanwendung aus dem Zusammenspiel der Einstellungen in der IIS-Metabase, die über den IIS-Manager festgelegt wurden, und den Einstellungen in den XML-basierten ASP.NET-Konfigurationsdateien, den web.config-Dateien.
Der neue Webserver übernimmt das .NET-basierte Konfigurationssystem, das heißt alle Einstellungen einer Webanwendung, sowohl die von ASP.NET als auch die des IIS, werden in .config-Dateien gespeichert. Microsoft spricht vom „Configuration Store", der die bisherige Metabase ersetzt.

Web.Config-Dateien bieten gegenüber dem bisherigen Metabase-basierten Konfigurationsmodell vier wesentliche Vorteile:
- Die Konfigurationsdateien lassen sich mit einfachen Text- oder XML-Editoren bearbeiten.

- Die Konfigurationsdateien sind einfacher, nämlich per Dateikopie und auch per FTP, übertragbar. Geänderte Konfigurationsdateien führen außerdem sofort zur Verhaltensänderung des Servers.

- Die Konfigurationsdateien liegen im Ordner des jeweiligen Webprojekts. Das macht die Delegation von administrativen Aufgaben einfacher, da der für diese Datei verantwortliche Mitarbeiter weder die Frontpage Server Extensions noch einen RPC-Zugang zu dem Webserver-Dienst benötigt.

- Die Konfigurationsdateien bilden eine Hierarchie. In jedem Unterverzeichnis können Konfigurationsdateien existieren, wobei untergeordnete Konfigurationsdateien übergeordnete Einstellung überschreiben.

Neben der Zusammenführung auf Konfigurationsebene finden IIS und ASP.NET auch auf Ebene der Verarbeitung eines Seitenabrufs über die Request Pipeline zueinander. Bisher kümmerte sich zunächst der IIS um die Anfrage und übergab sie dann an aspnet_isapi.dll; die von ASP.NET erzeugte Antwort ging wieder zurück an IIS, der sie an den Client gesendet hat. In dem neuen Integrated Application Pool Mode lassen sich die Modulen in beliebiger Reihenfolge nacheinander ausführen, egal ob es sich um Module in verwaltetem Code wie bei dem Modulen für ASP.NET HTTP Handler und HTTP oder in unverwaltetem wie beim Win32 HTTP Module handelt. Bisherige Doppelarbeiten, zum Beispiel im Bereich der Authentifizierung für den Webserver und für ASP.NET, entfallen dadurch. Die Administration wird einfacher, da sie nicht mehr zwischen IIS- und ASP.NET-Modulen unterschiedet. Der IIS verwaltet alle Module im Element <modules> in den Konfigurationsdateien. In dem neuen Modell sind die aus ASP.NET stammenden Konfigurationselemente <httpModules> und <httpHandlers> ohne Bedeutung. Daraus ergibt sich, was Microsoft „Unified Request Pipeline" nennt: eine gemeinsame Aufrufkette für die beiden Modultypen. Um die Kompatibilität zu wahren, lässt sich der IIS 7.0 in den „ISAPI Application Pool Mode" schalten. Dann funktioniert die Pipeline wieder wie im IIS 6.0.[4]

4.3. Visual Studio 2005

Visual Studio .NET ist eine integrierte Entwicklungsumgebung (IDE) von Microsoft für Windows. Es ist der Nachfolger des Visual Studios, dessen letzte Version (Visual Studio 6) 1998 herauskam. Momentan ist die Version 8.0 ("Visual Studio 2005") aktuell. Visual Studio .NET ermöglicht dem Programmierer, klassische Windows-Programme (insbesondere für das .NET Framework), oder dynamische Internetseiten bzw. Webservices für das

---

[4] Vgl. [ITVI], [MSPRESS1], [MSPRESS2]

Internet/Intranet zu entwickeln. Darüber hinaus ist seit Visual Studio 2003 die Entwicklung für das .NET Compact Framework möglich, welches sich auf vielen mobilen Geräten befindet bzw. auf diesen nachträglich installiert werden kann.

Seit November 2005 gibt es die die neue Version Visual Studio 2005 am Markt. Neu bei dieser Version ist das es ein breites Feld an Versionen gibt:

Express Edition (für Einsteiger)

Visual Web Developer 2005 Express Edition (nur Entwicklung von Webanwendungen)

Visual Basic 2005 Express Edition

Visual C++ 2005 Express Edition

Visual J# 2005 Express Edition

Standard Edition

Academic Edition (vergleichbar mit den SSL-Versionen von Microsoft Office)

Professional Edition

Team System (für Entwicklung in Teams)

Die oben genannte Express Edition ist an Hobby-Programmierer und Schüler bzw. Studenten gerichtet. Sie war ursprünglich nur bis November 2006 als kostenlose Software geplant, ist aber inzwischen dauerhaft kostenfrei erhältlich.

Programmiersprachen

Folgende Programmiersprachen werden von Visual Studio .NET standardmäßig unterstützt:

Visual Basic .NET

Visual C++ einschließlich der Erweiterungen für das .NET Framework

Visual C#

Visual J#

Editoren

Für die Entwicklung der Applikationen stellt Visual Studio eine Vielzahl von Editoren zur Verfügung. Einige wichtige sind:

Code-Editoren für die o.g. Programmiersprachen (textuell)

Editoren für graphische Nutzeroberflächen (graphisch)

Datenbank-/Datenbankschemaeditoren (graphisch, teilweise textuell)

Editoren für HTML Webseiten (graphisch und textuell)

Editoren für XML, XSLT, Stylesheets und diverse auf XML basierende Konfigurationsdateien (textuell)

Editor für XSD (graphisch und textuell)

Graphikeditoren (Icons und Rastergraphiken)

Binäreditoren (semigraphisch)

Editoren zum Erstellen von Applikationssetups (graphisch)

Editor für Klassendiagramme (graphisch, ab Visual Studio 2005)

Alle textuellen Editoren unterstützen Syntaxchecks (Prüfung auf Korrektheit), Intellisense (automatischer Vorschlag von Elementen) und Autocomplete (automatische Vervollständigung von Elementen).

Visual Studio .NET vollführt einen kompletten Wandel in Hinsicht auf Paradigmen und Integration von Komponenten. Der wesentliche Unterschied ist die Implementierung des von Microsoft forcierten System-Frameworks .NET. Durch dessen Integration ist es nun möglich, in jeder integrierten Sprache komplett objektorientiert zu programmieren. Das heißt, es werden Techniken wie Vererbung, Polymorphie, Kapselung, Mehrfachüberladung usw. nicht nur unterstützt, sondern außerdem gefordert. Um immer mehr Anwender in das Visual-Studio-Lager zu ziehen erfand Microsoft unter Leitung von Anders Hejlsberg, dem Erfinder der Hochsprache Delphi, die neue Hochsprache C#. Dessen Syntax stellt eine Mischung aus C++ und Java dar, ist leicht eingängig, hoch effizient und führt den Entwickler per Definition einen objektorientierten Entwicklungsweg entlang. Inzwischen existieren Implementierungen in anderen Entwicklungsumgebungen, wie z.B. dem Borland C# Builder. Bei Visual Studio .NET wurde großer Wert auf komfortables Bearbeiten und weitgehende Unterstützung für den Programmierer gelegt. Einige Neuerungen sind: ein integrierter Server-Explorer zum durchforsten und Nutzen verschiedenster Datenlieferanten eines Systemes (z. B. Microsoft SQL Server, Windows-Nachrichtendienst) eine sich an der Cursorposition orientierende Online-Hilfe, die nun im Visual Studio integriert und nicht mehr als eigenständige Anwendung implementiert ist Unterstützung von Aufgaben für den Entwickler ein innovativer Editor, der z. B. Teile des Codes kontrolliert verbergen kann Unterstützung sog. Web Services Abwärtskompatibilität zu ActiveX-Elementen Edit and Continue, erweiterte Debugfunktion, Außerdem erweitert sich der Umfang der unterstützten Sprachen enorm. Hierbei wirkt sich vor allem ein Zertifizierungsprogramm von Microsoft aus, das es Drittanbietern ermöglicht, eigene Sprachen als Ergänzungen zum VS anzubieten. Beispiele sind Delphi, Eiffel, F# oder Prolog.

Visual Studio .NET zeichnet sich seit seinen ersten Versionen vor allem durch die Integration verschiedener Programmiersprachen in eine Entwicklungsumgebung aus. Bekannteste Beispiele sind Visual Basic und Visual C++. Wie bei jeder visuellen Entwicklungsumgebung erfolgt eine Trennung der durchzuführenden Arbeitsaufgaben. Im Wesentlichen sind dies der

Entwurf der GUI (graphical user interface) und des dazugehörigen bzw. hinterlegten Programmcodes. [5]

5. Planung

5.1. Ablaufplan

- Ist – Aufnahme
- Erstellung Grobkonzept
- Installation Server und Entwicklungswerkzeuge
- Erstellung Feinkonzept
- Realisierung der Internetanbindung
- Erarbeiten von Sicherheitsmassnahmen
- Entwurf Betaversion
- Test Betaversion
- Überarbeitung der Betaversion
- Fertigstellen Version 1.0
- Test Version 1.0
- Einführung des neuen Werkzeuges
- Betreuung der User in der Anfangsphase

5.2. Programmbeschreibung

Für die Lösung der Aufgabe ist als Entwicklungsplattform das Visual Studio 2005 sowie der Microsoft Server 2003 vorgesehen. Mit dem Programm muss es möglich sein Aufträge, welche in dem ERP – System Replan2000 angelegt wurden online aufzurufen um diesen dann einen Servicebericht hinzufügen zu können. Die Eingabemaske der Serviceberichte soll möglichst genau an die aktuellen Berichte in Papierform angepasst werden. Besonderes Augenmerk ist dabei auf die Sicherheit bei dem Zugriff auf die lokale Datenbank zu legen, um einen Missbrauch der Daten zu verhindern. Zudem muss eine Anbindung des lokalen Servers an das Internet erfolgen, um den Zugriff von PCs außerhalb der Firmengebäude zu erhalten. Die über das Internet erfassten Daten müssen auch im lokalen ERP – System verfügbar sein.

---

[5] Vgl. [MSPRESS2], [MSPRESS3], [MSPROD], [WIKI]

6. Analyse

6.1. Ist – Aufnahme

Um einen Serviceauftrag durchzuführen, wird von den Sachbearbeitern als Erstes ein Arbeitsauftrag in der ERP – Software angelegt und anschließend ausgedruckt. Sobald der Servicetechniker den Auftrag übernimmt , muss er diesen Auftrag sowie einen Servicebericht (in zweifacher Ausfertigung) mitnehmen. Vor Ort werden das gesamte Verbrauchsmaterial, die ausgeführten Arbeiten und die Dauer in das vorgedruckte Serviceformular notiert. Nach Abschluss des Auftrages trägt die Sachbearbeiterin alle durchgeführten Arbeiten und verbrauchten Materialen in das System ein um dann dem Kunden eine Rechnung zu erstellen.

6.2. Ziele

Die Erweiterung von Replan2000 ermöglicht eine schnellere und leichtere Durchführung des Serviceprozesses. Zudem werden eine geringere Umwelt- und Kostenbelastung durch das eingesparte Papier und ein geringerer Arbeitsaufwand für das Erstellen der Rechnungen erwartet. Durch das direkte Ausfüllen des Serviceberichtes durch den Techniker wird zudem eine Fehlerquelle (Sachverständnis der Sekretärin beim Erfassen der erbrachten Leistungen) bei dem Abgleichen der Servicedaten beseitigt.

Kunde:	Arbeiten fertig ☐ unterbrochen ☐
Arbeitsplatz:	Nachauftrag:
Gerätename:	Kontrolliert:
Gerätenum.:	Berechnet:

Auftrag: SB:

Material:

Datum	Uhrzeit	MB	Dauer	Nummer	Bezeichnung	TYP

Zeiten:

Datum	Uhrzeit	MB	Dauer	Arbeiten	TYP

TYP: OB=ohne Berechnung, GA=Garantie, KU=Kulanz erwünscht, BE=bereits berechnet

Material und Zeiten wurden erbracht.
Datum / Unterschrift :

Alphadat EDV-Service GmbH
Hinter den Gärten 17, D-77767 Appenweiler   ☎ 07805-9585-0 📠 07805-9585-900 ✉ info@alphadat.de

Abbildung 2: bisherige Serviceberichte der Firma Alphadat EDV Service GmbH

7. Umsetzung

7.1. Einrichtung Internetzugriff

Die Firma Alphadat verfügt zum Zeitpunkt der Entwicklung über zwei DSL Anschlüsse, mit 3000 kbit/s Download und 256 kbit/s Upload sowie 16000 kbit/s Download und 1024 kbit/s Upload Bandbreiten. Um eine höhere Datentransferrate zu erreichen wird der 16 Mbit Anschluss für die Anbindung des Servers an das Internet gewählt.

Da dem DSL Anschluss keine feste Internet Protokoll Adresse (IP) zugewiesen ist, ist es erforderlich diese durch eine Methode zur Verfügung zu stellen, um das erreichen des Servers täglich unter derselben Adresse zu ermöglichen. Zu beachten ist, dass die meisten Internet Service Provider (ISP) bei jeder Einwahl dem DSL Anschluss eine andere IP zuweisen (spätestens automatisch nach 24 Stunden durch Zwangsunterbrechung). Dies ist erforderlich da jedem ISP nur ein gewisser Pool an Adressen zur Verfügung steht, die durch das Domain Name System (DNS) verwaltet werden. Es besteht aber die Möglichkeit durch Zuhilfenahme von dynamischen DNS (DynDNS) Anbietern den Rechner über eine feste Adresse zu erreichen. In diesem Fall wurde der kostenfreie Anbieter DynDNS.org gewählt. Er ermöglicht das Einrichten von Subdomainadressen die sich automatisch auf die ändernde IP des Routers bzw. Servers einstellen. Hierfür ist es notwendig den vorhandenen Router so zu konfigurieren, dass er sich während der Einwahl in das Internet gleichzeitig bei dem DynDNS Anbieter anmeldet und ihm seine aktuelle IP mitteilt. Der Router ist dann über die jeweilige Subdomain erreichbar (z.B. aonl.dyndns.org). Um den Server anzusprechen, ist es erforderlich innerhalb des Routers verschiedene Konfigurationen vorzunehmen, die es ermöglichen die Inhalte der auf dem Server gespeicherten Webseiten in das Internet weiterzuleiten. Die Konfiguration wird von Hersteller zu Hersteller anders durchgeführt, in den meisten Fällen werden sie als Port Forwarding (Portweiterleitung) gekennzeichnet. Damit ein Zugriff auf Webseiten möglich ist, ist es notwendig den Port 80 weiterzuleiten, für die Nutzung des Remote Desktop von Windows ist hingegen die Weiterleitung der Ports 3380-3390 notwendig.

Nachfolgend ist eine Übersicht dargestellt welche das System des DynDNS am Beispiel der Subdomain wttest.dyndns.org zeigt. Bei dieser Darstellung wurde zu dem Router die Möglichkeit eines lokal installierten DynDNS Clients veranschaulicht, der ein Update der IP Adresse ohne den Router ermöglicht.

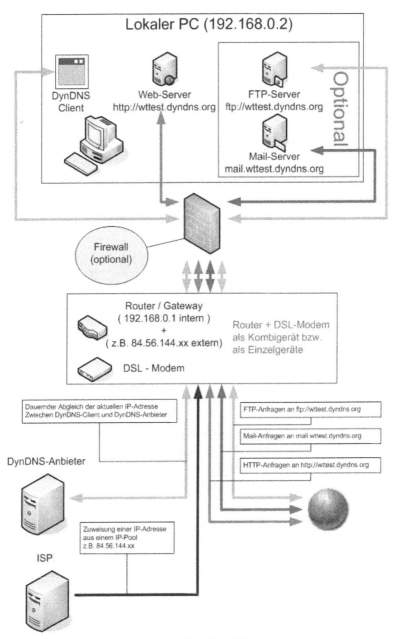

Abbildung 3: Darstellung DynDNS – Schema

7.2. Installation des IIS

Seit dem Microsoft Server 2003 wird der IIS nicht mehr bei der Standartinstallation automatisch mitinstalliert, da durch ihn eventuell Sicherheitslücken entstehen, weil er nicht automatisch richtig konfiguriert ist. Es besteht die Möglichkeit ihn jederzeit nachträglich zu installieren. Am leichtesten gestaltet sich die Installation über die Serververwaltung (Abb.: 4). Dort läst sich durch „Funktionen hinzufügen oder entfernen" leicht überprüfen ob der Internet Information Service bereits installiert ist (Abb.: 5), falls nötig kann er auch direkt von dort aus installiert werden. Wird zudem ein Microsoft Exchange auf dem Server betrieben, so ist es notwendig innerhalb des IIS die Optionen für den Mailversand mit einzufügen. Werden diese Optionen vergessen, wird es zu einer Fehlfunktion des Exchange kommen und es ist kein Versand bzw. Empfang von Emails mehr möglich.

Durch die Installation des IIS besteht nicht automatisch die Möglichkeit Active Server Pages (ASP) zu erstellen. Diese müssen explizit in der Konfiguration des IIS zugelassen bzw. nachinstalliert werden.

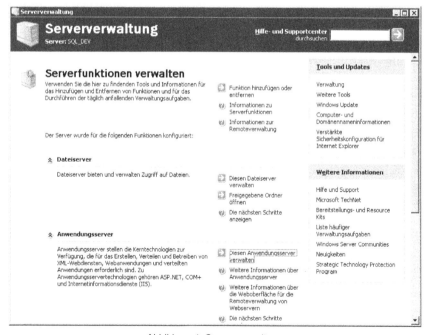

Abbildung 4: Serververwaltung

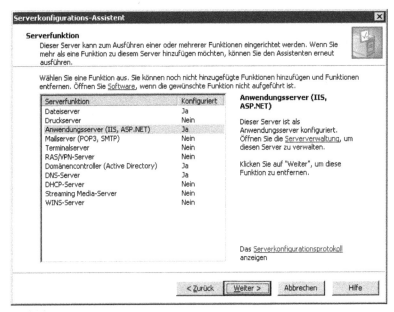

Abbildung 5: Auswahl der Serverfunktionen

7.3. Sicherheit mit dem IIS und ASP

Die ASP Anwendung greift hauptsächlich direkt auf Datenbanken zu. Dadurch wird es erforderlich den Zugang zu dieser Webseite für ungebetene Nutzer zu sperren. Die Sicherheitskonfiguration für eine ASP Webanwendung wird innerhalb der web.config abgespeichert und definiert. Der IIS legt eine Datei an, in der die Sicherungsdaten aufbewahrt werden. Durch die Automatismen des IIS lassen sich diese leichter administrieren als die web.config, die im Quellcode definiert werden muss.

Im Zusammenspiel von ASP und dem IIS hat der Administrator viele Möglichkeiten seine Anwendungen abzusichern. Für jede eingehende Verbindung bietet der IIS eine Beschränkung auf Basis der IP Adresse bzw. der Domain des anwählenden Clients. Neben dieser Sicherheitsvorrichtung bietet der Service noch weitere Authentifizierungsmethoden an: HTTP Standardauthentifizierung (unverschlüsselt), Digest – Authentifizierung, .Net – Passportauthentifizierung und die integrierte Windows Authentifizierung. Zudem bietet ASP.Net eine Formularbasierte Authentifizierung welche angewendet wird wenn keines der anderen Authentifizierungsverfahren möglich ist bzw. störend oder unpraktisch erscheint. (Siehe Abb.: 6) [6]

---

[6] Vgl. [IX]

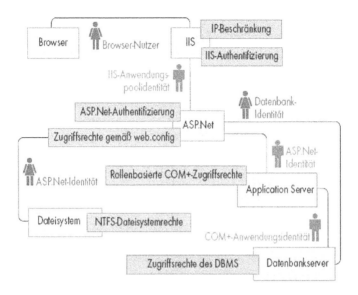

Abbildung 6: Authentifizierung auf unterschiedlichen Ebenen

Für das Online BDE wird die Windows Authentifizierungsmethode verwendet. Da nur ein kleiner Kreis von Mitarbeitern auf die Anwendung zugreifen kann und es durch die bestehenden Benutzerkonten auf dem Server nicht erforderlich ist zusätzliche Konten einzurichten. Um die Authentifizierung einzurichten ist es notwendig den IIS zu starten, eine Standardanwendung zu definieren und diese freizugeben, in diesem Fall REPLANONLINE (Abb.: 7). In den Eigenschaften des Ordners wird auf dem Datenblatt ASP.NET die Konfiguration der Zugangsbestimmungen festgelegt. (Abb.: 8,9). Die Einstellungen reichen aber noch nicht aus. Es ist unerlässlich in die web.config folgende Zeilen einzufügen um eine korrekte Ausführung der Authentifizierung zu gewährleisten.

```
<authentication mode="Windows"/>
  <roleManager enabled="true"/>
<authorization>
  <deny users="?" />
</authorization>
```

Die Anweisung „<deny users="?" />" bewirkt das unbekannte Benutzer automatisch auf die Fehlerseite weitergeleitet werden. Durch diese Einstellungen ist die Anwendung optimal geschützt, solange kein Mitarbeiter seine Benutzerdaten verliert oder einer anderen Person preis gibt.

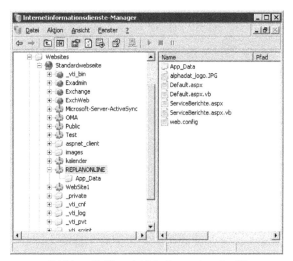

Abbildung 7: Eingerichtete Anwendung im IIS

Abbildung 8: Datenblatt ASP.NET

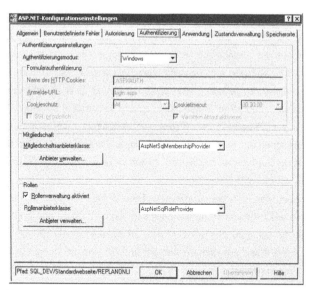

Abbildung 9: Authentifizierungsseite innerhalb der ASP Konfiguration

7.4. Programmierung

Nachdem die Installation- und Sicherheitskonfiguration des IIS abgeschlossen ist, kann die Entwicklungsumgebung installiert werden. Es steht dem Entwickler frei das Programm auf einem Client oder direkt auf dem Server zu installieren. Vorteil der Installation auf dem Server ist, dass der direkte Zugriff auf das „Inetpub" Verzeichnis zur Verfügung steht, in dem alle Webanwendungen gespeichert werden. Die Installationsroutine erlaubt dem Anwender bestimmte nicht benötigte Softwarepakete einfach abzuwählen. Für die Arbeit mit ASP.Net und Visual Basic ist es nötig das .NET Framework Redistributable, die .NET SDK und das Visual Studio mit Visual Basic als Programmiersprache zu installieren. Nach der Installation ist ein Neustart unerlässlich.

Bei dem Start von Visual Basic ist es erforderlich einen neuen Webservice zu erstellen und ihn direkt im „Inetpub" Ordner des Servers abzuspeichern. Wird die Einstellung nicht vorgenommen so muss, nach der Erstellung der Anwendung, die web.config neu angepasst werden. Was zu vermeidbaren Mehraufwand führt und eine große Fehlerquelle darstellt. Als Standardseite ist die default.aspx automatisch geöffnet. Es besteht die Möglichkeit die Datei in der Quellcodeansicht bzw. in der Entwurfsansicht zu bearbeiten. In Visual Basic 2005 ist die Entwurfsansicht für die ersten Schritte empfehlenswert, da man einfach per Drag & Drop alle nötigen Elemente auf die Seite ziehen und positionieren kann. Es besteht die Möglichkeit die Verbindung zum SQL – Server ohne eine Zeile Code zu generieren. Hierfür wird die SqlDataSource aus der Toolbox auf die Entwurfansicht gezogen und per Assistent können dann beliebige SQL Abfragen generiert und ausgeführt werden. Ein weiterer Vorteil ist das sogenannte GridView, es erstellt ohne großen Aufwand eine Tabelle und füllt diese automatisch mit Daten aus einer Datenquelle, zudem stehen dem Entwickler verschiedene Formatvorlagen zur Gestaltung der Tabelle zur Verfügung. Um den Elementen noch zusätzliche Reaktionen auf Änderungen oder ähnliche Situationen auslösen zu können, ist es notwendig in die Quellansicht zu schalten um dort die jeweiligen Ereignisse einzufügen.

Für die Gestaltung der Startseite wurde eine Tabelle mit Hilfe des GridView Elementes eingefügt. Diese greift auf die Belegdatenbank von Replan2000 zu und zeigt die aktuellen Arbeitsaufträge an. Um eine bessere Übersicht zu erhalten wurde die Abfrage an einen Kalender gebunden. Nach auswählen eines bestimmten Datums werden alle Aufträge für den relevanten Tag angezeigt.

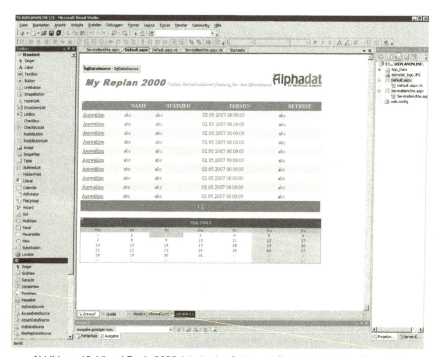

Abbildung 10: Visual Basic 2005 Arbeitsoberfläche mit Startseite in Entwurfsansicht

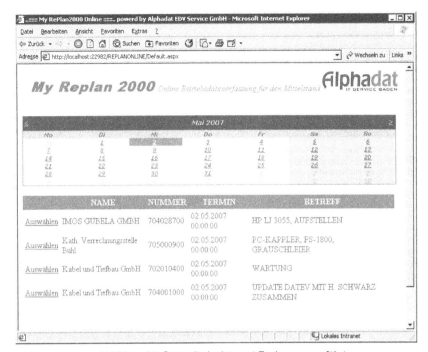

Abbildung 11: Startseite im Internet Explorer ausgeführt

Um die Verbindung zwischen den beiden Steuerelementen zu schaffen muss die Datasource so konfiguriert sein, dass als SQL Statement der gewählte Tag in der Abfrage erscheint. Dafür ist es notwendig dem Kalender mitzuteilen, dass er nach jeder Änderung des Tages eine Meldung an die Datasource sendet und dann sofort eine neue Abfrage ausführt um sie dann in der Tabelle darzustellen.

Innerhalb der Auftragstabelle besteht die Möglichkeit einen Vorgang auszuwählen, mit dessen Hilfe eine neue Seite geöffnet wird, in der die Möglichkeit besteht den Servicebericht anzulegen bzw. zu ändern. Der Befehl um ein neues Fenster zu öffnen und einen Wert mitzusenden ist

```
Response.Redirect("ServiceBerichte.aspx?ID=" & GridView1.SelectedValue)
```

wobei die ID in der geladenen Seite dann durch

```
nummer = Request.QueryString("ID")
```

ausgelesen und weiterverwendet werden kann. In diesem Fall dient die ID zum überprüfen der Auftragsnummer. Ist der Auftrag bereits angelegt kann dieser in einem DropDown Feld ausgewählt werden und der zugehörige Service Bericht wird angezeigt. Sollte zu dem

Auftrag noch kein Bericht vorhanden sein kann er, mit einen Klick auf „Neu", angelegt und abgespeichert werden. Nachdem der Auftrag angelegt wurde besteht die Möglichkeit ihn für den Kunden auszudrucken oder per PDF Drucker in einer Email zu versenden. Der Druck wird mit Hilfe eines Javascript befehls ausgeführt:

```
onClick="JavaScript:print();
```

Der Aufruf der print Methode bewirkt das die angezeigte Seite komplett gedruckt wird.

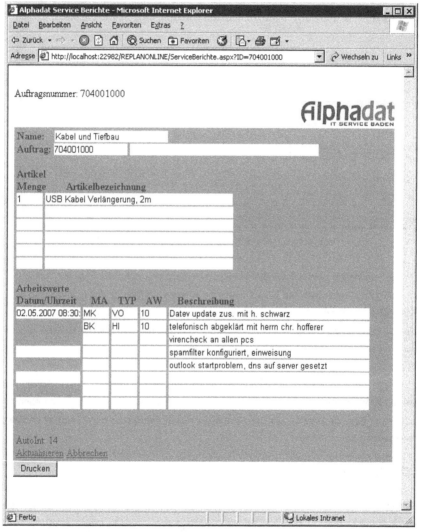

Abbildung 12: Seite Service Bericht bearbeiten im Internet Explorer

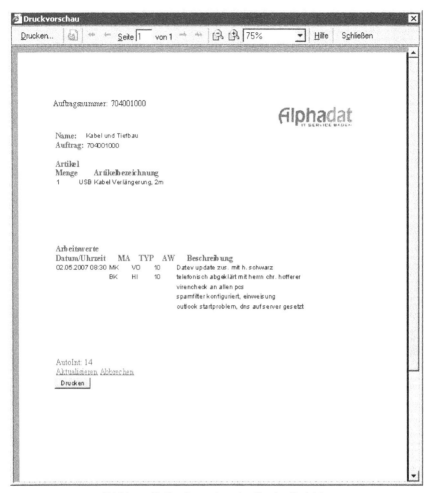

Abbildung 13: Druckvorschau des Service Berichtes

Nachdem die Speicherung des Berichtes erfolgt ist, hat der Sachbearbeiter die Möglichkeit innerhalb des ERP – Programms auf die Serviceberichte zuzugreifen und mit ihnen die Rechnung zu erstellen. Diese Schnittstelle wird mit Hilfe von Microsoft Access erzeugt. Anhand einer Abfrage wird ein formloser Bericht erstellt, welcher das übernehmen der Daten in die Rechnung ermöglicht.

7.5. Einführung des Online BDE

Durch Tests mit verschiedenen Testdaten wurden alle auftretenden Fehler, meist Formatierungsfehler bei der Ausgabe, beseitigt und das Programm konnte einen Testlauf im Tagesgeschäft bestehen. Einige Zeit wird noch eine parallele Erfassung der Service Berichte in Papier- sowie elektronischer Form stattfinden, um den Mitarbeitern zu ermöglichen sich an die neuen Arbeitsabläufe zu gewöhnen und eventuell auftretende Fehler zu beseitigen. Es ist vorgesehen die parallele Erfassung bis zum Ablauf von etwa einen Monat nach Einführung laufen zu lassen, um dann entgültig auf die elektronische Form umzusteigen. Es ist wichtig ebenfalls den Kunden an die neue Art der Serviceberichte zu gewöhnen. Für die Sachbearbeiter hat sich durch die Einführung des neuen Systems die Arbeit zu ihren Gunsten verringert, so dass sie mehr Zeit in Angebotserstellung und ähnliches investieren können.

8. Fazit

Das entwickelte Onlinebetriebsdatenerrfassungssystem wird im täglichen Geschäftsbetrieb voll eingesetzt. Durch kleinere Anpassungen ist es denkbar das Programm als Einzelanwendung zu vermarkten. Hierfür ist es erforderlich die Rechnungsstellung zu automatisieren und die Rechnungen mit Hilfe von Crystal Reports (Berichterstellung in Visual Studio) auszugeben. Benötigt wird dafür nur eine Marktbekannte, für den ASP Zugriff fähige, Datenbank auf der bereits Kundendaten vorhanden sind, um diese in automatische Rechnungsgenerierung einzubeziehen.

Mit dem Zugriff aus dem Internet auf das ERP – System ergeben sich zahlreiche Methoden zur besseren Kundenbindung. Es ist denkbar ein Online Portal zu erstellen, in dem die Kunden die Möglichkeit haben den aktuellen Stand ihrer Aufträge abzurufen und für vorhandene Geräte passendes Zubehör über das Internet direkt zu bestellen. Jedoch ist es notwendig jedes Mal zu prüfen ob es sinnvoll ist eine Anwendung über das World Wide Web zur Verfügung zu stellen, da es niemals eine hundertprozentige Sicherheit bei der Datenübertragung geben kann und so immer eine Gefahr der Manipulation, Löschung oder Spionage der Daten besteht.

Abbildungsverzeichnis

Abbildung 3:
http://www.wintotal.de/Artikel/dyndns/dyndns_pic/zeichnung1.jpg

Abbildung 6:
iX Special 1/2006 „Progammieren mit .Net 2.0" S.140

Abbildung: 1, 2, 4, 5, 7, 8, 9, 10, 11,12, 13
Screenshots aus der Entwicklungsumgebung (Microsoft Visual Studio 2005 und Microsoft Server 2003)

Abkürzungsverzeichnis

ASP:	Active Server Pages
BDE:	Betriebsdaten Erfassung
CGI:	Common Gateway Interface
CRM:	Customer Relationship Management
DoS:	Denial of Service
ERP:	Enterprise Resource Planing
FTP:	File Transfer Protokoll
HTML:	Hypertext Markup Language
HTTP:	Hypertext Transfer Protokoll
IT:	Informations- und Telekommunikationstechnik
ISAPI:	Internet Server Application Programming Interface
MIS:	Management – Informationssysteme
MRP II:	Manufacturing Resource Planning System
QS:	Qualitätssicherung
PGP:	Pretty Good Privacy (Verschlüsselungsprogramm)
PHP:	Hypertext Prozessor
PPS:	Produktionsplanungssyteme
SQL:	Structured Query Language
IIS:	Internet Information Service
WLAN:	Wireless Local Area Network
XML:	Extensible Markup Language
XSLT:	Extensible Stylesheet Language Transformations
XSD:	XML-Schema-Definition
.NET:	Plattform für Programme, die mit unterstützenden Programmiersprachen entwickelt wurden

Quellenverzeichnis

[ALPHA]   Firmenprofil Alphadat EDV Service GmbH

[ERP]   SYNERPY Enterprise Ressource Planning Produktinformation

[FVL]   Fachbuchverlag Leipzig Taschenbuch der Wirtschaftsinformatik

[ITVI]   http://www.it-visions.de/glossar/alle/109/Internet%20Information%20Server.aspx

[MSPRESS1]   Microsoft Press Windows.Net Server 2003

[MSPRESS2]   Microsoft Press ASP.Net 2.0 mit Visual Basic 2005

[MSPRESS3]   Microsoft Press Windows Programmierung mit Visual Basic .Net

[MSPROD]   Microsoft Produktdatenblatt zu Visual Studio 2005 Professionell

[NETZW]   http://www.netzwelt.de/lexikon/Informationssicherheit.html

[WIKI]   http://de.wikipedia.org/wiki/Microsoft_Visual_Studio_.NET

[IX]   iX Special 1/2006 „Progammieren mit .Net 2.0" S.140ff

Anhang

Quellcode Startseite:

```
<%@ Page Language="VB" AutoEventWireup="false" CodeFile="Default.aspx.vb"
Inherits="_Default" %>

<!DOCTYPE html PUBLIC "-//W3C//DTD XHTML 1.0 Transitional//EN"
"http://www.w3.org/TR/xhtml1/DTD/xhtml1-transitional.dtd">

<html xmlns="http://www.w3.org/1999/xhtml" >
<head runat="server">
    <title>..:::::: My RePlan2000 Online ::::::.. powerd by Alphadat EDV
Service GmbH</title>
</head>
<body style="background-color: #ffffff">
    <form id="form1" runat="server">
    <div id="DIV1" runat="server">
         <asp:SqlDataSource ID="SqlDataSource1" runat="server"
            ConnectionString="<%$
ConnectionStrings:Replan2000ConnectionString3 %>"
            OldValuesParameterFormatString="original_{0}"
SelectCommand="SELECT * FROM [tblBelege] WHERE (([Belegart] = @Belegart)
AND ([ZF10] = @ZF10) AND ([TERMIN] = @TERMIN))" EnableCaching="True">
            <SelectParameters>
                <asp:Parameter DefaultValue="AUF" Name="Belegart"
Type="String" />
                <asp:Parameter DefaultValue="SYSTEMHAUS" Name="ZF10"
Type="String" />
                <asp:ControlParameter ControlID="Calendar1" Name="TERMIN"
PropertyName="SelectedDate"
                    Type="DateTime" />
            </SelectParameters>
        </asp:SqlDataSource>
         
        <span><span style="font-size: 20pt"><span style="color: #0066cc;
font-family: Arial Black">
            <strong><em>My Replan 2000</em></strong></span>
</span></span><em><span style="color: #0066ff" id="SPAN1" runat="server">
            Online Betriebsdatenerfassung für den
Mittelstand <asp:Image ID="Image1" runat="server"
                ImageUrl="~/alphadat_logo.jpg" />
                        <br />
         <asp:Calendar ID="Calendar1" runat="server"
BackColor="White" BorderColor="#3366CC"
            BorderWidth="1px" CellPadding="1" DayNameFormat="Shortest"
Font-Names="Verdana"
            Font-Size="8pt" ForeColor="#003399" Height="110px"
Width="744px">
            <SelectedDayStyle BackColor="#009999" Font-Bold="True"
ForeColor="#CCFF99" />
            <TodayDayStyle BackColor="#99CCCC" ForeColor="White" />
            <SelectorStyle BackColor="#99CCCC" ForeColor="#336666" />
            <WeekendDayStyle BackColor="#CCCCFF" />
            <OtherMonthDayStyle ForeColor="#999999" />
            <NextPrevStyle Font-Size="8pt" ForeColor="#CCCCFF" />
            <DayHeaderStyle BackColor="#99CCCC" ForeColor="#336666"
Height="1px" />
            <TitleStyle BackColor="#003399" BorderColor="#3366CC"
BorderWidth="1px" Font-Bold="True"
                Font-Size="10pt" ForeColor="#CCCCFF" Height="25px" />
```

```
        </asp:Calendar>
            <br />
        </span></em>
    <asp:GridView ID="GridView1" runat="server"
AutoGenerateColumns="False" CellPadding="4"
        DataKeyNames="NUMMER" DataSourceID="SqlDataSource1"
ForeColor="#333333"
        GridLines="None" AllowPaging="True" DataMember="DefaultView"
Width="740px">
        <FooterStyle BackColor="#507CD1" Font-Bold="True"
ForeColor="White" />
        <Columns>
            <asp:CommandField ShowSelectButton="True" />
            <asp:BoundField DataField="NAME" HeaderText="NAME"
SortExpression="NAME" />
            <asp:BoundField DataField="NUMMER" HeaderText="NUMMER"
ReadOnly="True" SortExpression="NUMMER" />
            <asp:BoundField DataField="TERMIN" HeaderText="TERMIN"
SortExpression="TERMIN" DataFormatString="{0:MM/dd/yyyy}" />
            <asp:BoundField DataField="BETREFF" HeaderText="BETREFF"
SortExpression="BETREFF" />
        </Columns>
        <RowStyle BackColor="#EFF3FB" />
        <EditRowStyle BackColor="#2461BF" />
        <SelectedRowStyle BackColor="#D1DDF1" Font-Bold="True"
ForeColor="#333333" />
        <PagerStyle BackColor="#2461BF" ForeColor="White"
HorizontalAlign="Center" />
        <HeaderStyle BackColor="#507CD1" Font-Bold="True"
ForeColor="White" />
        <AlternatingRowStyle BackColor="White" />
    </asp:GridView>

    </div>
      <br />
    </form>
</body>
</html>
```

Quellconde Servicebericht:

```
<%@ Page Language="VB" AutoEventWireup="false"
CodeFile="ServiceBerichte.aspx.vb" Inherits="ServiceBerichte" %>

<%@ Register Assembly="CrystalDecisions.Web, Version=10.2.3600.0,
Culture=neutral, PublicKeyToken=692fbea5521e1304"
    Namespace="CrystalDecisions.Web" TagPrefix="CR" %>

<!DOCTYPE html PUBLIC "-//W3C//DTD XHTML 1.0 Transitional//EN"
"http://www.w3.org/TR/xhtml1/DTD/xhtml1-transitional.dtd">

<html xmlns="http://www.w3.org/1999/xhtml" >
<head runat="server">
    <title>Alphadat Service Berichte</title>
    <link
href="/aspnet_client/System_Web/2_0_50727/CrystalReportWebFormViewer3/css/d
efault.css"
        rel="stylesheet" type="text/css" />
</head>
<body style="text-align: left">
    <form id="form1" runat="server">
    <div style="text-align: left">
        <asp:SqlDataSource ID="SqlDataSource1" runat="server"
ConnectionString="<%$ ConnectionStrings:Replan2000ConnectionString3 %>"
            SelectCommand="SELECT * FROM [tblServiceBerichte] WHERE
([NUMMER] = @NUMMER)" DeleteCommand="DELETE FROM [tblServiceBerichte] WHERE
[AutoInt] = @AutoInt" InsertCommand="INSERT INTO [tblServiceBerichte]
([NUMMER], [Name], [BETREFF], [RESNUMMER], [Menge], [MA]) VALUES (@NUMMER,
@Name, @BETREFF, @RESNUMMER, @Menge, @MA)" UpdateCommand="UPDATE
[tblServiceBerichte] SET [NUMMER] = @NUMMER, [Name] = @Name, [BETREFF] =
@BETREFF, [RESNUMMER] = @RESNUMMER, [Menge] = @Menge, [MA] = @MA WHERE
[AutoInt] = @AutoInt">
            <SelectParameters>
                <asp:QueryStringParameter Name="NUMMER"
QueryStringField="ID" Type="String" />
            </SelectParameters>
            <DeleteParameters>
                <asp:Parameter Name="AutoInt" Type="Int32" />
            </DeleteParameters>
            <UpdateParameters>
                <asp:Parameter Name="NUMMER" Type="String" />
                <asp:Parameter Name="Name" Type="String" />
                <asp:Parameter Name="BETREFF" Type="String" />
                <asp:Parameter Name="RESNUMMER" Type="String" />
                <asp:Parameter Name="Menge" Type="Int32" />
                <asp:Parameter Name="MA" Type="String" />
                <asp:Parameter Name="AutoInt" Type="Int32" />
            </UpdateParameters>
            <InsertParameters>
                <asp:Parameter Name="NUMMER" Type="String" />
                <asp:Parameter Name="Name" Type="String" />
                <asp:Parameter Name="BETREFF" Type="String" />
                <asp:Parameter Name="RESNUMMER" Type="String" />
                <asp:Parameter Name="Menge" Type="Int32" />
                <asp:Parameter Name="MA" Type="String" />
            </InsertParameters>
        </asp:SqlDataSource>
        <asp:SqlDataSource ID="SqlDataSource2" runat="server"
ConnectionString="<%$ ConnectionStrings:Replan2000ConnectionString3 %>"
```

```
        DeleteCommand="DELETE FROM [tblServiceBerichte] WHERE [AutoInt]
= @original_AutoInt" InsertCommand="INSERT INTO [tblServiceBerichte]
([NUMMER], [Name], [BETREFF], [Artikel1], [Menge1], [Artikel2], [Menge2],
[Artikel3], [Menge3], [Artikel4], [Menge4], [Artikel5], [Menge5],
[Artikel6], [Menge6], [MA1], [MA2], [MA3], [MA4], [MA5], [MA6], [MA7],
[MA8], [Uhrzeit1], [Uhrzeit2], [Uhrzeit3], [Uhrzeit4], [AW1], [AW2], [AW3],
[AW4], [AW5], [AW6], [AW7], [AW8], [Typ1], [Typ2], [Typ3], [Typ4], [Typ5],
[Typ6], [Typ7], [Typ8], [Besch1], [Besch2], [Besch3], [Besch4], [Besch5],
[Besch6], [Besch7], [Besch8]) VALUES (@NUMMER, @Name, @BETREFF, @Artikel1,
@Menge1, @Artikel2, @Menge2, @Artikel3, @Menge3, @Artikel4, @Menge4,
@Artikel5, @Menge5, @Artikel6, @Menge6, @MA1, @MA2, @MA3, @MA4, @MA5, @MA6,
@MA7, @MA8, @Uhrzeit1, @Uhrzeit2, @Uhrzeit3, @Uhrzeit4, @AW1, @AW2, @AW3,
@AW4, @AW5, @AW6, @AW7, @AW8, @Typ1, @Typ2, @Typ3, @Typ4, @Typ5, @Typ6,
@Typ7, @Typ8, @Besch1, @Besch2, @Besch3, @Besch4, @Besch5, @Besch6,
@Besch7, @Besch8)"
        SelectCommand="SELECT * FROM [tblServiceBerichte] WHERE
([NUMMER] = @NUMMER)" UpdateCommand="UPDATE [tblServiceBerichte] SET
[NUMMER] = @NUMMER, [Name] = @Name, [BETREFF] = @BETREFF, [Artikel1] =
@Artikel1, [Menge1] = @Menge1, [Artikel2] = @Artikel2, [Menge2] = @Menge2,
[Artikel3] = @Artikel3, [Menge3] = @Menge3, [Artikel4] = @Artikel4,
[Menge4] = @Menge4, [Artikel5] = @Artikel5, [Menge5] = @Menge5, [Artikel6]
= @Artikel6, [Menge6] = @Menge6, [MA1] = @MA1, [MA2] = @MA2, [MA3] = @MA3,
[MA4] = @MA4, [MA5] = @MA5, [MA6] = @MA6, [MA7] = @MA7, [MA8] = @MA8,
[Uhrzeit1] = @Uhrzeit1, [Uhrzeit2] = @Uhrzeit2, [Uhrzeit3] = @Uhrzeit3,
[Uhrzeit4] = @Uhrzeit4, [AW1] = @AW1, [AW2] = @AW2, [AW3] = @AW3, [AW4] =
@AW4, [AW5] = @AW5, [AW6] = @AW6, [AW7] = @AW7, [AW8] = @AW8, [Typ1] =
@Typ1, [Typ2] = @Typ2, [Typ3] = @Typ3, [Typ4] = @Typ4, [Typ5] = @Typ5,
[Typ6] = @Typ6, [Typ7] = @Typ7, [Typ8] = @Typ8, [Besch1] = @Besch1,
[Besch2] = @Besch2, [Besch3] = @Besch3, [Besch4] = @Besch4, [Besch5] =
@Besch5, [Besch6] = @Besch6, [Besch7] = @Besch7, [Besch8] = @Besch8 WHERE
[AutoInt] = @original_AutoInt"
OldValuesParameterFormatString="original_{0}">
            <DeleteParameters>
                <asp:Parameter Name="original_AutoInt" Type="Int32" />
            </DeleteParameters>
            <UpdateParameters>
                <asp:Parameter Name="NUMMER" Type="String" />
                <asp:Parameter Name="Name" Type="String" />
                <asp:Parameter Name="BETREFF" Type="String" />
                <asp:Parameter Name="Artikel1" Type="String" />
                <asp:Parameter Name="Menge1" Type="String" />
                <asp:Parameter Name="Artikel2" Type="String" />
                <asp:Parameter Name="Menge2" Type="String" />
                <asp:Parameter Name="Artikel3" Type="String" />
                <asp:Parameter Name="Menge3" Type="String" />
                <asp:Parameter Name="Artikel4" Type="String" />
                <asp:Parameter Name="Menge4" Type="String" />
                <asp:Parameter Name="Artikel5" Type="String" />
                <asp:Parameter Name="Menge5" Type="String" />
                <asp:Parameter Name="Artikel6" Type="String" />
                <asp:Parameter Name="Menge6" Type="String" />
                <asp:Parameter Name="MA1" Type="String" />
                <asp:Parameter Name="MA2" Type="String" />
                <asp:Parameter Name="MA3" Type="String" />
                <asp:Parameter Name="MA4" Type="String" />
                <asp:Parameter Name="MA5" Type="String" />
                <asp:Parameter Name="MA6" Type="String" />
                <asp:Parameter Name="MA7" Type="String" />
                <asp:Parameter Name="MA8" Type="String" />
                <asp:Parameter Name="Uhrzeit1" Type="DateTime" />
                <asp:Parameter Name="Uhrzeit2" Type="DateTime" />
```

```xml
        <asp:Parameter Name="Uhrzeit3" Type="DateTime" />
        <asp:Parameter Name="Uhrzeit4" Type="DateTime" />
        <asp:Parameter Name="AW1" Type="Decimal" />
        <asp:Parameter Name="AW2" Type="Decimal" />
        <asp:Parameter Name="AW3" Type="Decimal" />
        <asp:Parameter Name="AW4" Type="Decimal" />
        <asp:Parameter Name="AW5" Type="Decimal" />
        <asp:Parameter Name="AW6" Type="Decimal" />
        <asp:Parameter Name="AW7" Type="Decimal" />
        <asp:Parameter Name="AW8" Type="Decimal" />
        <asp:Parameter Name="Typ1" Type="String" />
        <asp:Parameter Name="Typ2" Type="String" />
        <asp:Parameter Name="Typ3" Type="String" />
        <asp:Parameter Name="Typ4" Type="String" />
        <asp:Parameter Name="Typ5" Type="String" />
        <asp:Parameter Name="Typ6" Type="String" />
        <asp:Parameter Name="Typ7" Type="String" />
        <asp:Parameter Name="Typ8" Type="String" />
        <asp:Parameter Name="Besch1" Type="String" />
        <asp:Parameter Name="Besch2" Type="String" />
        <asp:Parameter Name="Besch3" Type="String" />
        <asp:Parameter Name="Besch4" Type="String" />
        <asp:Parameter Name="Besch5" Type="String" />
        <asp:Parameter Name="Besch6" Type="String" />
        <asp:Parameter Name="Besch7" Type="String" />
        <asp:Parameter Name="Besch8" Type="String" />
        <asp:Parameter Name="original_AutoInt" Type="Int32" />
    </UpdateParameters>
    <InsertParameters>
        <asp:Parameter Name="NUMMER" Type="String" />
        <asp:Parameter Name="Name" Type="String" />
        <asp:Parameter Name="BETREFF" Type="String" />
        <asp:Parameter Name="Artikel1" Type="String" />
        <asp:Parameter Name="Menge1" Type="String" />
        <asp:Parameter Name="Artikel2" Type="String" />
        <asp:Parameter Name="Menge2" Type="String" />
        <asp:Parameter Name="Artikel3" Type="String" />
        <asp:Parameter Name="Menge3" Type="String" />
        <asp:Parameter Name="Artikel4" Type="String" />
        <asp:Parameter Name="Menge4" Type="String" />
        <asp:Parameter Name="Artikel5" Type="String" />
        <asp:Parameter Name="Menge5" Type="String" />
        <asp:Parameter Name="Artikel6" Type="String" />
        <asp:Parameter Name="Menge6" Type="String" />
        <asp:Parameter Name="MA1" Type="String" />
        <asp:Parameter Name="MA2" Type="String" />
        <asp:Parameter Name="MA3" Type="String" />
        <asp:Parameter Name="MA4" Type="String" />
        <asp:Parameter Name="MA5" Type="String" />
        <asp:Parameter Name="MA6" Type="String" />
        <asp:Parameter Name="MA7" Type="String" />
        <asp:Parameter Name="MA8" Type="String" />
        <asp:Parameter Name="Uhrzeit1" Type="DateTime" />
        <asp:Parameter Name="Uhrzeit2" Type="DateTime" />
        <asp:Parameter Name="Uhrzeit3" Type="DateTime" />
        <asp:Parameter Name="Uhrzeit4" Type="DateTime" />
        <asp:Parameter Name="AW1" Type="Decimal" />
        <asp:Parameter Name="AW2" Type="Decimal" />
        <asp:Parameter Name="AW3" Type="Decimal" />
        <asp:Parameter Name="AW4" Type="Decimal" />
        <asp:Parameter Name="AW5" Type="Decimal" />
```

```
        <asp:Parameter Name="AW6" Type="Decimal" />
        <asp:Parameter Name="AW7" Type="Decimal" />
        <asp:Parameter Name="AW8" Type="Decimal" />
        <asp:Parameter Name="Typ1" Type="String" />
        <asp:Parameter Name="Typ2" Type="String" />
        <asp:Parameter Name="Typ3" Type="String" />
        <asp:Parameter Name="Typ4" Type="String" />
        <asp:Parameter Name="Typ5" Type="String" />
        <asp:Parameter Name="Typ6" Type="String" />
        <asp:Parameter Name="Typ7" Type="String" />
        <asp:Parameter Name="Typ8" Type="String" />
        <asp:Parameter Name="Besch1" Type="String" />
        <asp:Parameter Name="Besch2" Type="String" />
        <asp:Parameter Name="Besch3" Type="String" />
        <asp:Parameter Name="Besch4" Type="String" />
        <asp:Parameter Name="Besch5" Type="String" />
        <asp:Parameter Name="Besch6" Type="String" />
        <asp:Parameter Name="Besch7" Type="String" />
        <asp:Parameter Name="Besch8" Type="String" />
    </InsertParameters>
    <SelectParameters>
        <asp:ControlParameter ControlID="DropDownList1"
Name="NUMMER" PropertyName="SelectedValue"
            Type="String" />
    </SelectParameters>
</asp:SqlDataSource>
<asp:DropDownList ID="DropDownList1" runat="server"
AppendDataBoundItems="True" DataSourceID="SqlDataSource1"
        DataTextField="NUMMER" DataValueField="NUMMER" Width="189px"
AutoPostBack="True">
        <asp:ListItem>Neu</asp:ListItem>
</asp:DropDownList><br />
Auftragsnummer:
<asp:Label ID="Label1" runat="server" Text="Label"></asp:Label><br
/>
                         
     
                         
     
                         
     
                         
     
                         
 <img src="alphadat_logo.JPG" />
<asp:FormView ID="FormView1" runat="server" AllowPaging="True"
        DataKeyNames="AutoInt" DataSourceID="SqlDataSource2"
CellPadding="4" ForeColor="#333333" Width="610px">
        <EditItemTemplate>
            <strong>Name:  </strong> 
            <asp:DropDownList ID="NameTextBox" runat="server"
AutoPostBack="True" DataSourceID="SqlDataSource3"
                DataTextField="NAME" DataValueField="NAME"
                SelectedValue='<%# Bind("Name") %>' Width="300px">
            </asp:DropDownList>
            <asp:SqlDataSource ID="SqlDataSource3" runat="server"
ConnectionString="<%$ ConnectionStrings:Replan2000ConnectionString3 %>"
                SelectCommand="SELECT DISTINCT NAME FROM dbo.tblBelege
ORDER BY NAME"></asp:SqlDataSource>
            <br />
            <br />
```

45

```
            <strong>Auftrag:</strong> <asp:TextBox ID="TextBox10"
runat="server" BorderStyle="None"
                Text='<%# Bind("NUMMER") %>'></asp:TextBox>
            <asp:TextBox ID="BETREFFTextBox" runat="server" Text='<%#
Bind("BETREFF") %>' Width="300px" BorderStyle="None"></asp:TextBox>
             
              
            <br />
            <br />
            <strong>
            Artikel<br />
            Menge        Artikelbezeichnung<br />
            </strong>
            <asp:TextBox ID="Menge1TextBox" runat="server" Text='<%#
Bind("Menge1") %>' Width="40px" BorderStyle="None"></asp:TextBox>
            <asp:TextBox ID="Artikel1TextBox" runat="server" Text='<%#
Bind("Artikel1") %>' Width="299px" BorderStyle="None"></asp:TextBox><br />
            <asp:TextBox ID="Menge2TextBox" runat="server" Text='<%#
Bind("Menge2") %>' Width="40px" BorderStyle="None"></asp:TextBox>
            <asp:TextBox ID="Artikel2TextBox" runat="server" Text='<%#
Bind("Artikel2") %>' Width="300px" BorderStyle="None"></asp:TextBox><br />
            <asp:TextBox ID="Menge3TextBox" runat="server"
                Text='<%# Bind("Menge3") %>' Width="40px"
BorderStyle="None"></asp:TextBox>
            <asp:TextBox ID="Artikel3TextBox" runat="server" Text='<%#
Bind("Artikel3") %>' Width="300px" BorderStyle="None"></asp:TextBox><br />
            <asp:TextBox ID="Menge4TextBox" runat="server" Text='<%#
Bind("Menge4") %>' Width="40px" BorderStyle="None"></asp:TextBox>
            <asp:TextBox ID="Artikel4TextBox" runat="server" Text='<%#
Bind("Artikel4") %>' Width="300px" BorderStyle="None"></asp:TextBox><br />
            <asp:TextBox ID="Menge5TextBox" runat="server" Text='<%#
Bind("Menge5") %>' Width="40px" BorderStyle="None"></asp:TextBox>
            <asp:TextBox ID="Artikel5TextBox" runat="server" Text='<%#
Bind("Artikel5") %>' Width="300px" BorderStyle="None"></asp:TextBox><br />
            <asp:TextBox ID="Menge6TextBox" runat="server" Text='<%#
Bind("Menge6") %>' Width="40px" BorderStyle="None"></asp:TextBox>
            <asp:TextBox ID="Artikel6TextBox" runat="server" Text='<%#
Bind("Artikel6") %>' Width="300px" BorderStyle="None"></asp:TextBox><br />
            <br />
            <strong>
            Arbeitswerte<br />
            Datum/Uhrzeit      MA    TYP
   AW      <strong>Beschreibung</strong><br />
            <asp:TextBox ID="Uhrzeit1TextBox" runat="server" Text='<%#
Bind("Uhrzeit1") %>' Width="102px" BorderStyle="None"></asp:TextBox>
            <asp:TextBox ID="MA1TextBox" runat="server" Text='<%#
Bind("MA1") %>' Width="40px" BorderStyle="None"></asp:TextBox>
            <asp:TextBox ID="Typ1TextBox" runat="server" Text='<%#
Bind("Typ1") %>' Width="40px" BorderStyle="None"></asp:TextBox>
            <asp:TextBox ID="AW1TextBox" runat="server" Text='<%#
Bind("AW1") %>' Width="40px" BorderStyle="None"></asp:TextBox>
            <asp:TextBox ID="Besch1TextBox" runat="server" Text='<%#
Bind("Besch1") %>' Width="320px" BorderStyle="None"></asp:TextBox><br />
                           
       
              
            <asp:TextBox ID="TextBox1" runat="server"
BorderStyle="None" Text='<%# Bind("MA2") %>'
                Width="40px"></asp:TextBox>
            <asp:TextBox ID="TextBox2" runat="server"
BorderStyle="None" Text='<%# Bind("Typ2") %>'
```

```
                Width="40px"></asp:TextBox>
            <asp:TextBox ID="TextBox3" runat="server"
BorderStyle="None" Text='<%# Bind("AW2") %>'
                Width="40px"></asp:TextBox>
            <asp:TextBox ID="TextBox4" runat="server"
BorderStyle="None" Text='<%# Bind("Besch2") %>'
                Width="320px"></asp:TextBox><br />
                           
       
              
            <asp:TextBox ID="TextBox5" runat="server"
BorderStyle="None" Text='<%# Bind("MA3") %>'
                Width="40px"></asp:TextBox>
            <asp:TextBox ID="TextBox6" runat="server"
BorderStyle="None" Text='<%# Bind("Typ3") %>'
                Width="40px"></asp:TextBox>
            <asp:TextBox ID="TextBox7" runat="server"
BorderStyle="None" Text='<%# Bind("AW3") %>'
                Width="40px"></asp:TextBox>
            <asp:TextBox ID="TextBox8" runat="server"
BorderStyle="None" Text='<%# Bind("Besch3") %>'
                Width="320px"></asp:TextBox><br />
            <asp:TextBox ID="Uhrzeit2TextBox" runat="server"
BorderStyle="None" Text='<%# Bind("Uhrzeit2") %>'
                Width="102px"></asp:TextBox>
            <asp:TextBox ID="MA4TextBox" runat="server"
BorderStyle="None" Text='<%# Bind("MA4") %>'
                Width="40px"></asp:TextBox>
            <asp:TextBox ID="Typ4TextBox" runat="server"
BorderStyle="None" Text='<%# Bind("Typ4") %>'
                Width="40px"></asp:TextBox>
            <asp:TextBox ID="AW4TextBox" runat="server"
BorderStyle="None" Text='<%# Bind("AW4") %>'
                Width="40px"></asp:TextBox>
            <asp:TextBox ID="Besch4TextBox" runat="server"
BorderStyle="None" Text='<%# Bind("Besch4") %>'
                Width="320px"></asp:TextBox><br />
                           
       
              
            <asp:TextBox ID="MA5TextBox" runat="server"
BorderStyle="None" Text='<%# Bind("MA5") %>'
                Width="40px"></asp:TextBox>
            <asp:TextBox ID="Typ5TextBox" runat="server"
BorderStyle="None" Text='<%# Bind("Typ5") %>'
                Width="40px"></asp:TextBox>
            <asp:TextBox ID="AW5TextBox" runat="server"
BorderStyle="None" Text='<%# Bind("AW5") %>'
                Width="40px"></asp:TextBox>
            <asp:TextBox ID="Besch5TextBox" runat="server"
BorderStyle="None" Text='<%# Bind("Besch5") %>'
                Width="320px"></asp:TextBox><br />
            <asp:TextBox ID="Uhrzeit3TextBox" runat="server"
BorderStyle="None" Text='<%# Bind("Uhrzeit3") %>'
                Width="102px"></asp:TextBox>
            <asp:TextBox ID="MA6TextBox" runat="server"
BorderStyle="None" Text='<%# Bind("MA6") %>'
                Width="40px"></asp:TextBox>
            <asp:TextBox ID="Typ6TextBox" runat="server"
BorderStyle="None" Text='<%# Bind("Typ6") %>'
                Width="40px"></asp:TextBox>
```

```
                  <asp:TextBox ID="AW6TextBox" runat="server"
BorderStyle="None" Text='<%# Bind("AW6") %>'
                  Width="40px"></asp:TextBox>
                  <asp:TextBox ID="Besch6TextBox" runat="server"
BorderStyle="None" Text='<%# Bind("Besch6") %>'
                  Width="320px"></asp:TextBox><br />
                                 
       
                    
                  <asp:TextBox ID="MA7TextBox" runat="server" Text='<%#
Bind("MA7") %>' Width="40px" BorderStyle="None"></asp:TextBox>
                  <asp:TextBox ID="Typ7TextBox" runat="server" Text='<%#
Bind("Typ7") %>' Width="40px" BorderStyle="None"></asp:TextBox>
                  <asp:TextBox ID="AW7TextBox" runat="server" Text='<%#
Bind("AW7") %>' Width="40px" BorderStyle="None"></asp:TextBox>
                  <asp:TextBox ID="Besch7TextBox" runat="server" Text='<%#
Bind("Besch7") %>' Width="320px" BorderStyle="None"></asp:TextBox><br />
                  <asp:TextBox ID="Uhrzeit4TextBox" runat="server" Text='<%#
Bind("Uhrzeit4") %>' Width="102px" BorderStyle="None"></asp:TextBox>
                  <asp:TextBox ID="MA8TextBox" runat="server" Text='<%#
Bind("MA8") %>' Width="40px" BorderStyle="None"></asp:TextBox>
                  <asp:TextBox ID="Typ8TextBox" runat="server" Text='<%#
Bind("Typ8") %>' Width="40px" BorderStyle="None"></asp:TextBox>
                  <asp:TextBox ID="AW8TextBox" runat="server" Text='<%#
Bind("AW8") %>' Width="40px" BorderStyle="None"></asp:TextBox>
                  <asp:TextBox ID="Besch8TextBox" runat="server" Text='<%#
Bind("Besch8") %>' Width="320px" BorderStyle="None"></asp:TextBox><br /><br
/>
                  <br />
                  AutoInt:
                  <asp:Label ID="AutoIntLabel1" runat="server" Text='<%#
Eval("AutoInt") %>'></asp:Label><br />
                  <asp:LinkButton ID="UpdateButton" runat="server"
CausesValidation="True" CommandName="Update"
                        Text="Aktualisieren"></asp:LinkButton>
                  <asp:LinkButton ID="UpdateCancelButton" runat="server"
CausesValidation="False" CommandName="Cancel"
                        Text="Abbrechen"></asp:LinkButton>
            </EditItemTemplate>
            <InsertItemTemplate>
                  <strong>Name: </strong>   <asp:DropDownList
ID="NameTextBox" runat="server" AutoPostBack="True"
DataSourceID="SqlDataSource3"
                        DataTextField="NAME" DataValueField="NAME"
                        SelectedValue='<%# Bind("Name") %>' Width="300px">
                  </asp:DropDownList><asp:SqlDataSource ID="SqlDataSource3"
runat="server" ConnectionString="<%$
ConnectionStrings:Replan2000ConnectionString3 %>"
                        SelectCommand="SELECT DISTINCT NAME FROM dbo.tblBelege
ORDER BY NAME"></asp:SqlDataSource>
                  <br />
                   
                  <br />
                  <strong>Auftrag: <asp:TextBox ID="TextBox9"
runat="server" BorderStyle="None"
                        Text='<%# Bind("NUMMER")
%>'></asp:TextBox></strong> 
                  <asp:TextBox ID="BETREFFTextBox" runat="server" Text='<%#
Bind("BETREFF") %>' Width="300px" BorderStyle="None"></asp:TextBox><br />
                   <br />
                  <strong>
```

```
                Artikel<br />
                Menge        Artikelbezeichnung<br />
                </strong>
                <asp:TextBox ID="Menge1TextBox" runat="server" Text='<%#
Bind("Menge1") %>' Width="40px" BorderStyle="None"></asp:TextBox>
                <asp:TextBox ID="Artikel1TextBox" runat="server" Text='<%#
Bind("Artikel1") %>' Width="299px" BorderStyle="None"></asp:TextBox><br />
                <asp:TextBox ID="Menge2TextBox" runat="server" Text='<%#
Bind("Menge2") %>' Width="40px" BorderStyle="None"></asp:TextBox>
                <asp:TextBox ID="Artikel2TextBox" runat="server" Text='<%#
Bind("Artikel2") %>' Width="300px" BorderStyle="None"></asp:TextBox>
                <asp:TextBox ID="Menge3TextBox" runat="server" Text='<%#
Bind("Menge3") %>' Width="40px" BorderStyle="None"></asp:TextBox>
                <asp:TextBox ID="Artikel3TextBox" runat="server" Text='<%#
Bind("Artikel3") %>' Width="300px" BorderStyle="None"></asp:TextBox>
                <asp:TextBox ID="Menge4TextBox" runat="server" Text='<%#
Bind("Menge4") %>' Width="40px" BorderStyle="None"></asp:TextBox>
                <asp:TextBox ID="Artikel4TextBox" runat="server" Text='<%#
Bind("Artikel4") %>' Width="300px" BorderStyle="None" ></asp:TextBox><br />
                <asp:TextBox ID="Menge5TextBox" runat="server" Text='<%#
Bind("Menge5") %>' Width="40px" BorderStyle="None"></asp:TextBox>
                <asp:TextBox ID="Artikel5TextBox" runat="server" Text='<%#
Bind("Artikel5") %>' Width="300px" BorderStyle="None"></asp:TextBox><br />
                <asp:TextBox ID="Menge6TextBox" runat="server" Text='<%#
Bind("Menge6") %>' Width="40px" BorderStyle="None"></asp:TextBox>
                <asp:TextBox ID="Artikel6TextBox" runat="server" Text='<%#
Bind("Artikel6") %>' Width="300px" BorderStyle="None"></asp:TextBox><br />
                <br />
                <strong>
                Arbeitswerte<br />
                Datum/Uhrzeit      MA    
 TYP      AW 
                    Beschreibung<br />
                </strong>
                <asp:TextBox ID="Uhrzeit1TextBox" runat="server"
BorderStyle="None" Text='<%# Bind("Uhrzeit1") %>'
                Width="102px"></asp:TextBox>
                <asp:TextBox ID="MA1TextBox" runat="server"
BorderStyle="None" Text='<%# Bind("MA1") %>'
                Width="40px"></asp:TextBox>
                <asp:TextBox ID="Typ1TextBox" runat="server"
BorderStyle="None" Text='<%# Bind("Typ1") %>'
                Width="40px"></asp:TextBox>
                <asp:TextBox ID="AW1TextBox" runat="server"
BorderStyle="None" Text='<%# Bind("AW1") %>'
                Width="40px"></asp:TextBox>
                <asp:TextBox ID="Besch1TextBox" runat="server"
BorderStyle="None" Text='<%# Bind("Besch1") %>'
                Width="320px"></asp:TextBox><br />
                               
       
                  
                <asp:TextBox ID="TextBox1" runat="server"
BorderStyle="None" Text='<%# Bind("MA2") %>'
                Width="40px"></asp:TextBox>
                <asp:TextBox ID="TextBox2" runat="server"
BorderStyle="None" Text='<%# Bind("Typ2") %>'
                Width="40px"></asp:TextBox>
                <asp:TextBox ID="TextBox3" runat="server"
BorderStyle="None" Text='<%# Bind("AW2") %>'
                Width="40px"></asp:TextBox>
```

```
                <asp:TextBox ID="TextBox4" runat="server"
BorderStyle="None" Text='<%# Bind("Besch2") %>'
                Width="320px"></asp:TextBox><br />
                               
       
                  
                <asp:TextBox ID="TextBox5" runat="server"
BorderStyle="None" Text='<%# Bind("MA3") %>'
                Width="40px"></asp:TextBox>
                <asp:TextBox ID="TextBox6" runat="server"
BorderStyle="None" Text='<%# Bind("Typ3") %>'
                Width="40px"></asp:TextBox>
                <asp:TextBox ID="TextBox7" runat="server"
BorderStyle="None" Text='<%# Bind("AW3") %>'
                Width="40px"></asp:TextBox>
                <asp:TextBox ID="TextBox8" runat="server"
BorderStyle="None" Text='<%# Bind("Besch3") %>'
                Width="320px"></asp:TextBox><br />
                <asp:TextBox ID="Uhrzeit2TextBox" runat="server"
BorderStyle="None" Text='<%# Bind("Uhrzeit2") %>'
                Width="102px"></asp:TextBox>
                <asp:TextBox ID="MA4TextBox" runat="server"
BorderStyle="None" Text='<%# Bind("MA4") %>'
                Width="40px"></asp:TextBox>
                <asp:TextBox ID="Typ4TextBox" runat="server"
BorderStyle="None" Text='<%# Bind("Typ4") %>'
                Width="40px"></asp:TextBox>
                <asp:TextBox ID="AW4TextBox" runat="server"
BorderStyle="None" Text='<%# Bind("AW4") %>'
                Width="40px"></asp:TextBox>
                <asp:TextBox ID="Besch4TextBox" runat="server"
BorderStyle="None" Text='<%# Bind("Besch4") %>'
                Width="320px"></asp:TextBox><br />
                               
       
                  
                <asp:TextBox ID="MA5TextBox" runat="server"
BorderStyle="None" Text='<%# Bind("MA5") %>'
                Width="40px"></asp:TextBox>
                <asp:TextBox ID="Typ5TextBox" runat="server"
BorderStyle="None" Text='<%# Bind("Typ5") %>'
                Width="40px"></asp:TextBox>
                <asp:TextBox ID="AW5TextBox" runat="server"
BorderStyle="None" Text='<%# Bind("AW5") %>'
                Width="40px"></asp:TextBox>
                <asp:TextBox ID="Besch5TextBox" runat="server"
BorderStyle="None" Text='<%# Bind("Besch5") %>'
                Width="320px"></asp:TextBox><br />
                <asp:TextBox ID="Uhrzeit3TextBox" runat="server"
BorderStyle="None" Text='<%# Bind("Uhrzeit3") %>'
                Width="102px"></asp:TextBox>
                <asp:TextBox ID="MA6TextBox" runat="server"
BorderStyle="None" Text='<%# Bind("MA6") %>'
                Width="40px"></asp:TextBox>
                <asp:TextBox ID="Typ6TextBox" runat="server"
BorderStyle="None" Text='<%# Bind("Typ6") %>'
                Width="40px"></asp:TextBox>
                <asp:TextBox ID="AW6TextBox" runat="server"
BorderStyle="None" Text='<%# Bind("AW6") %>'
                Width="40px"></asp:TextBox>
```

```
                <asp:TextBox ID="Besch6TextBox" runat="server"
BorderStyle="None" Text='<%# Bind("Besch6") %>'
                Width="320px"></asp:TextBox><br />
                           
       
                  
                <asp:TextBox ID="MA7TextBox" runat="server"
BorderStyle="None" Text='<%# Bind("MA7") %>'
                Width="40px"></asp:TextBox>
                <asp:TextBox ID="Typ7TextBox" runat="server"
BorderStyle="None" Text='<%# Bind("Typ7") %>'
                Width="40px"></asp:TextBox>
                <asp:TextBox ID="AW7TextBox" runat="server"
BorderStyle="None" Text='<%# Bind("AW7") %>'
                Width="40px"></asp:TextBox>
                <asp:TextBox ID="Besch7TextBox" runat="server"
BorderStyle="None" Text='<%# Bind("Besch7") %>'
                Width="320px"></asp:TextBox><br />
                <asp:TextBox ID="Uhrzeit4TextBox" runat="server"
BorderStyle="None" Text='<%# Bind("Uhrzeit4") %>'
                Width="102px"></asp:TextBox>
                <asp:TextBox ID="MA8TextBox" runat="server"
BorderStyle="None" Text='<%# Bind("MA8") %>'
                Width="40px"></asp:TextBox>
                <asp:TextBox ID="Typ8TextBox" runat="server"
BorderStyle="None" Text='<%# Bind("Typ8") %>'
                Width="40px"></asp:TextBox>
                <asp:TextBox ID="AW8TextBox" runat="server"
BorderStyle="None" Text='<%# Bind("AW8") %>'
                Width="40px"></asp:TextBox>
                <asp:TextBox ID="Besch8TextBox" runat="server"
BorderStyle="None" Text='<%# Bind("Besch8") %>'
                Width="320px"></asp:TextBox><br />
                <asp:LinkButton ID="InsertButton" runat="server"
CausesValidation="True" CommandName="Insert"
                Text="Einfügen">
                </asp:LinkButton>
                <asp:LinkButton ID="InsertCancelButton" runat="server"
CausesValidation="False" CommandName="Cancel"
                Text="Abbrechen">
                </asp:LinkButton>
            </InsertItemTemplate>
            <ItemTemplate>
                Name:   <asp:Label ID="NameLabel" runat="server"
Text='<%# Bind("Name") %>'
                Width="150px"></asp:Label><br />
                Auftrag:
                <asp:Label ID="NUMMERLabel" runat="server" Text='<%#
Bind("NUMMER") %>' Width="134px"></asp:Label>
                  
                <br />
                Material<br />
                Menge             Artikel<br
/>
                <asp:Label ID="Menge1Label" runat="server" Text='<%#
Bind("Menge1") %>' Width="40px"></asp:Label>
                <asp:Label ID="Artikel1Label" runat="server" Text='<%#
Bind("Artikel1") %>' Width="300px"></asp:Label><br />
                <asp:Label ID="Menge2Label" runat="server" Text='<%#
Bind("Menge2") %>'></asp:Label>
```

```
                <asp:Label ID="Artikel2Label" runat="server" Text='<%#
Bind("Artikel2") %>' Width="300px"></asp:Label><br />
                <asp:Label ID="Menge3Label" runat="server" Text='<%#
Bind("Menge3") %>' Width="40px"></asp:Label>
                <asp:Label ID="Artikel3Label" runat="server" Text='<%#
Bind("Artikel3") %>' Width="300px"></asp:Label><br />
                <asp:Label ID="Menge4Label" runat="server" Text='<%#
Bind("Menge4") %>' Width="40px"></asp:Label>
                <asp:Label ID="Artikel4Label" runat="server" Text='<%#
Bind("Artikel4") %>' Width="300px"></asp:Label><br />
                <asp:Label ID="Menge5Label" runat="server" Text='<%#
Bind("Menge5") %>' Width="40px"></asp:Label>
                <asp:Label ID="Artikel5Label" runat="server" Text='<%#
Bind("Artikel5") %>' Width="300px"></asp:Label><br />
                <asp:Label ID="Menge6Label" runat="server" Text='<%#
Bind("Menge6") %>' Width="40px"></asp:Label>
                <asp:Label ID="Artikel6Label" runat="server" Text='<%#
Bind("Artikel6") %>' Width="300px"></asp:Label><br />
                <br />
                Arbeitswerte<br />
                Datum/Uhrzeit     MA   TYP  AW
   Beschreibung <br />
                <asp:Label ID="Uhrzeit1Label" runat="server" Text='<%#
Bind("Uhrzeit1") %>' Width="100px"></asp:Label><asp:Label
                    ID="MA1Label" runat="server" Text='<%# Bind("MA1") %>'
Width="40px"></asp:Label>
                <asp:Label ID="Typ1Label" runat="server" Text='<%#
Bind("Typ1") %>' Width="40px"></asp:Label>
                <asp:Label ID="AW1Label" runat="server" Text='<%#
Bind("AW1") %>' Width="40px"></asp:Label>
                <asp:Label ID="Besch1Label" runat="server" Text='<%#
Bind("Besch1") %>' Width="320px"></asp:Label>
                <asp:Label ID="Uhrzeit2Label" runat="server" Text='<%#
Bind("Uhrzeit2") %>' Width="100px"></asp:Label><asp:Label
                    ID="MA2Label" runat="server" Text='<%# Bind("MA2") %>'
Width="40px"></asp:Label>
                <asp:Label ID="Typ2Label" runat="server" Text='<%#
Bind("Typ2") %>' Width="37px"></asp:Label>
                <asp:Label ID="AW2Label" runat="server" Text='<%#
Bind("AW2") %>' Width="42px"></asp:Label>
                <asp:Label ID="Besch2Label" runat="server" Text='<%#
Bind("Besch2") %>' Width="320px"></asp:Label><br />
                <asp:Label ID="Uhrzeit3Label" runat="server" Text='<%#
Bind("Uhrzeit3") %>' Width="100px"></asp:Label><asp:Label
                    ID="MA3Label" runat="server" Text='<%# Bind("MA3") %>'
Width="32px"></asp:Label>
                <asp:Label ID="Typ3Label" runat="server" Text='<%#
Bind("Typ3") %>' Width="40px"></asp:Label>
                <asp:Label ID="AW3Label" runat="server" Text='<%#
Bind("AW3") %>' Width="40px"></asp:Label>
                <asp:Label ID="Besch3Label" runat="server" Text='<%#
Bind("Besch3") %>' Width="320px"></asp:Label><br />
                <asp:Label ID="Uhrzeit4Label" runat="server" Text='<%#
Bind("Uhrzeit4") %>' Width="100px"></asp:Label><asp:Label
                    ID="MA4Label" runat="server" Text='<%# Bind("MA4") %>'
Width="40px"></asp:Label>
                <asp:Label ID="Typ4Label" runat="server" Text='<%#
Bind("Typ4") %>' Width="40px"></asp:Label>
                <asp:Label ID="AW4Label" runat="server" Text='<%#
Bind("AW4") %>' Width="40px"></asp:Label>
```

```
                <asp:Label ID="Besch4Label" runat="server" Text='<%#
Bind("Besch4") %>' Width="320px"></asp:Label><br />
                               
       
                 <asp:Label ID="MA5Label" runat="server" Text='<%#
Bind("MA5") %>' Width="40px"></asp:Label>
                <asp:Label ID="Typ5Label" runat="server" Text='<%#
Bind("Typ5") %>' Width="39px"></asp:Label>
                <asp:Label ID="AW5Label" runat="server" Text='<%#
Bind("AW5") %>' Width="39px"></asp:Label>
                <asp:Label ID="Besch5Label" runat="server" Text='<%#
Bind("Besch5") %>' Width="320px"></asp:Label><br />
                               
       
                 <asp:Label ID="MA6Label" runat="server" Text='<%#
Bind("MA6") %>' Width="40px"></asp:Label>
                <asp:Label ID="Typ6Label" runat="server" Text='<%#
Bind("Typ6") %>' Width="40px"></asp:Label>
                <asp:Label ID="AW6Label" runat="server" Text='<%#
Bind("AW6") %>' Width="40px"></asp:Label>
                <asp:Label ID="Besch6Label" runat="server" Text='<%#
Bind("Besch6") %>' Width="320px"></asp:Label><br />
                               
      
                <asp:Label ID="MA7Label" runat="server" Text='<%#
Bind("MA7") %>' Width="40px"></asp:Label>
                <asp:Label ID="Typ7Label" runat="server" Text='<%#
Bind("Typ7") %>' Width="40px"></asp:Label>
                <asp:Label ID="AW7Label" runat="server" Text='<%#
Bind("AW7") %>' Width="40px"></asp:Label>
                <asp:Label ID="Besch7Label" runat="server" Text='<%#
Bind("Besch7") %>' Width="320px"></asp:Label><br />
                               
       
                 <asp:Label ID="MA8Label" runat="server" Text='<%#
Bind("MA8") %>' Width="40px"></asp:Label>
                <asp:Label ID="Typ8Label" runat="server" Text='<%#
Bind("Typ8") %>' Width="40px"></asp:Label>
                <asp:Label ID="AW8Label" runat="server" Text='<%#
Bind("AW8") %>' Width="41px"></asp:Label>
                <asp:Label ID="Besch8Label" runat="server" Text='<%#
Bind("Besch8") %>' Width="320px"></asp:Label><br />
                <br />
                AutoInt:
                <asp:Label ID="AutoIntLabel" runat="server" Text='<%#
Eval("AutoInt") %>'></asp:Label><br />
                <asp:LinkButton ID="EditButton" runat="server"
CausesValidation="False" CommandName="Edit"
                    Text="Bearbeiten"></asp:LinkButton>
                <asp:LinkButton ID="DeleteButton" runat="server"
CausesValidation="False" CommandName="Delete"
                    Text="Löschen"></asp:LinkButton>
                <asp:LinkButton ID="NewButton" runat="server"
CausesValidation="False" CommandName="New"
                    Text="Neu"></asp:LinkButton>
            </ItemTemplate>
            <FooterStyle BackColor="#5D7B9D" Font-Bold="True"
ForeColor="White" />
            <EditRowStyle BackColor="#999999" />
            <RowStyle BackColor="#F7F6F3" ForeColor="#333333" />
```

```
            <PagerStyle BackColor="#284775" ForeColor="White"
HorizontalAlign="Center" />
            <HeaderStyle BackColor="#5D7B9D" Font-Bold="True"
ForeColor="White" />
        </asp:FormView>
        <input type="Button" onClick="JavaScript:print();" Value="Drucken">
        <br />
    </div>
    </form>
</body>
</html>
```

www.ingramcontent.com/pod-product-compliance
Lightning Source LLC
La Vergne TN
LVHW092354060326
832902LV00008B/1027